MARIA KARL • ANDREA KARL-SCHURIAN

FÄRBEN UND FILZEN

Maria Karl
Andrea Karl-Schurian

Färben und Filzen

für jedermann

Leopold Stocker Verlag
Graz – Stuttgart

Umschlaggestaltung: M. Geyer, Judendorf-Straßengel
Umschlagfoto: M. Geyer, Judendorf-Straßengel
Grafiken im Textteil: H. Steiner, Graz
Fotos: M. Hlatky, Breitenhilm, und Autorinnen
Foto S. 51 unten: Höhere Bundeslehranstalt für Mode und Bekleidungstechnik, Ortweinplatz, Graz

ISBN 3-7020-0745-8
Alle Rechte der Verbreitung, auch durch Film, Funk und Fernsehen, fotomechanische Wiedergabe, Tonträger jeder Art, auszugsweisen Nachdruck oder Einspeicherung und Rückgewinnung in Datenverarbeitungsanlagen aller Art, sind vorbehalten.
© Copyright by Leopold Stocker Verlag, Graz 1996
Printed in Austria
Gesamtherstellung: M. Theiss, St. Michaeler Straße 2, A-9400 Wolfsberg/Kärnten

Inhaltsverzeichnis

Vorwort 9

Teil 1: FILZEN 11

Allgemeine Einführung zum Thema „Filzen" 11

Eigenschaften der Schafwolle 15
Weshalb filzt Wolle? 15

Materialauswahl 17

Materialvorbereitung 19
Waschen der Wolle 19
Kardieren 20

Der Arbeitsplatz und das Werkzeug
für das Filzen 21

Allgemeiner Filzvorgang 22
Das Herstellen des Probestückes 22
Die Patchworkdecke 27

Schematische Darstellung „Filzen" 28

Filztechniken 32
Flächiges Filzen 32
    Kinderbetteinlage 33
    Filzen einer Mehrzweckmatte 35
    Filzen von Schnüren 36
    Filzen einer Satteldecke 36
    Dämmatte in Nomadenfilztechnik 40
    Filzen eines Bildes 41
Hohlkörperfilzen 44
    Filzen einer Tasche 45
    Ärmellose Jacke, Größe 42 46
    Mantel mit Ärmeln, Größe 42 52

Inhaltsverzeichnis

    Kinderweste, 5–6 Jahre 55
    Filzpantoffeln, Größe 38 56
    Hausschuhe, Größe 38 64
    Gamaschen 69
    Filzen eine Hutes mit Schablone 74
    Filzen einer Pullmankappe 79
    Herstellen einer Puppe 83
    Filzen eines Fisches 85
Rundkörperfilzen 85
    Herstellen von weichen Bällen 86
    Herstellen von harten Bällen 86
Andere Filztechniken 88
    Filzen eines Hutes über ein Sieb 88
    Filzen mit Holzkiste am Beispiel einer Sesselauflage 90

Teil II: FÄRBEN 93

Färben mit Pflanzenfarben 93

Allgemeine Einführung zum Thema „Färben" 93

Das Arbeiten in der Färbeküche 97

Farbstofflieferanten 99
Sammelzeiten 99
Quellen für die Pflanzensuche 101
Behandlung der gesammelten Farbstofflieferanten 101

Das Färben 102
Beizen 102
Farbbad 103
    Färben mit beizenziehenden Pflanzen 104
    Färben mit direktfärbenden Pflanzen 105
Nachbehandlung 105

Schematische Darstellung „Färben" 107

Rezepte zum „Hineinschnuppern" in die Pflanzenfärbegeheimnisse ... 108
Gelb ... 108
 Färben mit Goldrute ... 109
 Färben mit Kreuzdornbeere ... 109
 Färben mit Faulbaumrinde ... 110
 Färben mit Isländisch-Moos ... 110
Rot ... 110
 Färben von vorgebeizter Wolle ... 110
 Färben von ungebeizter Wolle ... 112
Braun ... 112
 Färben mit Eichenrinde ... 113
 Färben mit Isländisch-Moos ... 113
 Färben mit Walnußschalen ... 113
Grau ... 114
 Färben mit Erlenrinde ... 114
Violett ... 114
 Färben mit Alkanna ... 114
Grün ... 115
Orange ... 115

Blau – Färben mit Indigo ... 116
 Indigofärbung mit Soda ... 116
 Indigofärbung mit Holzaschelauge und Naturindigo ... 118

Liste der vorgestellten Färbekräuter und deren Eigenschaften in Kurzbeschreibung ... 120

Anhang ... 123
Bezugsquellenverzeichnis ... 123
Weiterführende Literatur ... 126
Danksagung ... 128
Die Autorinnen ... 128

Vorwort

Das Filzen ist eine der ältesten Techniken, um Wolle zu Stoff zu verarbeiten. Dieses Buch zeigt, daß keine technischen Hilfsmittel notwendig sind, um Filz herzustellen. Er wird händisch durch das „Verfilzen" der einzelnen Wollfasern erzeugt. Aufgrund der einfach zu beschaffenden, billigen Rohmaterialien und Hilfsmittel werden verschiedene Filzverfahren in anderen Kulturen (Mongolen und Kirghisen) schon lange angewendet. In Europa wurde der Filz aufgrund der Erfindung des Webstuhles und anderer Textilverarbeitungsmaschinen vom gewebten Stoff weitgehend verdrängt.

Maria Karl beschäftigt sich bereits seit vielen Jahren mit der Wiederbelebung alter Filztechniken sowie deren Anwendung zur Eigenerzeugung von gefilzten Textilien. Neben den Grundtechniken werden auch praktische Anleitungen zur Herstellung verschiedener Gebrauchsgegenstände gezeigt.

Einige Beispiele von Produkten, die aus Filzstoff entstehen können:
die weithin bekannten Filzpantoffeln und Filzhüte, Decken, Unterlegs- und Gymnastikmatten, Pferdedecken, Kleidungsstücke, wie Jacken und Mäntel, aber auch Taschen, Spielzeug und andere nützliche Dinge.

Eine besondere Herausforderung ist das Kreieren von gefilzten Bildern als Wandschmuck. Mit pflanzengefärbter Wolle angefertigte Bilder stellen eine ganz spezielle, unnachahmliche künstlerische Ausdrucksform dar. Einige Techniken des Einfärbens von Schafwolle mit natürlichen, pflanzlichen Farbstoffen werden im vorliegenden Buch vorgestellt.

Die Autorin verarbeitet seit vielen Jahren Schafwolle von heimischen Schafen.

Die zum Färben notwendigen Pflanzen finden sich auf Wiesen, in Wäldern, in Gärten und am Wegesrand.

Filzstoffe und gefärbte Wolle können daher leicht von jedermann eigenhändig zu Hause hergestellt werden.

Die im Buch vermittelten praktischen Kenntnisse sind im wesentlichen die gesammelten Inhalte zahlreicher Filz- und Färbekurse, die Frau Karl im Zuge der Erwachsenenbildung während der vergangenen zwanzig Jahre gehalten hat. Sie konnte damit sehr vielen Menschen praktisches und theoretisches Wissen zur eigenen kreativen Tätigkeit und Weiterentwicklung von Filztechniken vermitteln. Ihre Anregungen wurden bereits benutzt, um Filzprodukte für kommerzielle Zwecke (Kleinhandel) herzustellen. Diese Möglichkeit wird vor allem von Bewohnern unserer östlichen Nachbarländer genutzt, wo Frau Karl ebenfalls Kurse abgehalten hat.

Es verbleibt nur noch, Ihnen viel Freude beim Ausprobieren der Filz- und Färbetechniken zu wünschen!

Teil 1: Filzen

Allgemeine Einführung zum Thema „Filzen"

Filzen ist wahrscheinlich eine der ältesten Techniken der Welt, um Stoff herzustellen. Man vermutet, daß die Filztechnik schon Anwendung fand, als es noch keinerlei Ansatz für die Erfindung eines noch so primitiven Spinnrades oder Webstuhles gab. So sollen schon vor 8000 bis 10000 Jahren Menschen im mittleren Osten, vermutlich in Mesopotamien, damit begonnen haben, die Wolle ihrer Hausschafe zum Filzen zu verwenden. Dazu wurde das dem Schaf im Frühjahr ausfallende Haar gesammelt und unter Einwirkung von warmem Wasser und Druck mit den Händen zu einem festen Stoff geformt. Diese uralte Grundtechnik wird auch heute noch für die Herstellung von Filzstücken angewandt. In anderen Kulturen wurden außer der Wolle von Schafen auch noch die Haarkleider von Alpakas, Vikunas, Lamas und Kamelen verarbeitet. Filzstoffe fand man sowohl in ägyptischen als auch in chinesischen Gräbern. Der Stoff wurde für Kleidung, Matten, Teppiche, Schilde, Hüte und sogar Boote verwendet. Auch erste Spuren einer Färbung der Textilien gab es schon.

Europäische Grabfunde aus der Bronzezeit (ca. 1700–800 v. Chr.) besagen, daß auch hier Filzstoffe als Kleidungsstücke und Gebrauchsgegenstände verwendet wurden. Allerdings waren zu dieser Zeit die Handspindel und eine Urform des Webstuhles bereits erfunden. Gesponnene Wolle konnte nun zu einem Stoff verwoben werden, der natürlich viel feiner, weicher und auch leichter zu verarbeiten war als Filz. Gewebte Stoffe konnten durch den Vorgang des Walkens, bei dem sich die Wolle verfilzte, zu regen-, hitze- und kältebeständigen Mänteln und Hüten verarbeitet werden.

Trotz dieses Siegeszuges der gewebten Stoffe fanden mit der Hand gefertigte Filzstoffe in den folgenden Jahrhunderten auf verschiedene Art und Weise Verwendung. Aus keltischen und germanischen Hügelgräbern der Eisenzeit kennen wir gefilzte Umhänge und Kappen, die zur Tracht der germanischen Krieger und Bauern gehörten.

Aus der griechischen und römischen Antike ist uns der Kothurn bekannt, eine Sandale, die mit einer dreifingerbreiten Sohle aus Filz oder Leder bespannt war.

Allgemeine Einführung zum Thema „Filzen"

Sie durfte nur von hochgestellten Bürgern oder Schauspielern der großen Tragödien getragen werden. Die Landarbeiter in den griechischen Gebieten trugen als Kopfbedeckung eine runde Filzkappe.

In den folgenden Jahrhunderten erfuhr die Webkunst eine zusätzliche Verfeinerung, und nur mehr Menschen aus den unteren Bevölkerungsschichten trugen Kleidung aus Filzstoffen. Mit der Zeit begann jedoch auch die Kleidung der Bauern aus grobem Gewebe zu bestehen. Durch die Erfindung von mechanischen Spinnrädern und Webstühlen im 15. Jahrhundert erleichtert, konnten später Textilien in Manufakturen kostengünstig und in größerem Umfang hergestellt werden. Nunmehr konnten sich Menschen aus nahezu allen Gesellschaftsschichten gute und schön gefertigte Kleidungsstücke leisten, obwohl spezifische Kleiderordnungen, wonach das Tragen bestimmter Kleidungsstücke vom sozialen Status abhängig war, bis ins 18. Jahrhundert bestehen blieben. Aufgrund dieser Entwicklung geriet die Filztechnik weitgehend in Vergessenheit.

Die große Ausnahme bildeten die Filzhüte. Sie finden sich als Weiterentwicklungen der germanischen Filzhaube in allen Jahrhunderten. Filzhüte wurden zunächst vor allem im bäuerlichen Lebensbereich als Kopfbedeckung und Schutz vor Kälte und Nässe getragen. Anfangs trugen nur Männer Hüte, die zum Teil sehr groß waren und eine breite Krempe als Schattenspender aufwiesen. Später kamen auch spitz zulaufende Hüte mit breiter Krempe in Gebrauch, die im 17. Jahrhundert auch von Frauen getragen wurden. Der Hut wurde durch Verzierungen mit bunten Bändern und Federn zum Symbolträger. Im Volksmund hieß es, daß ein Bursche, der seinen Hut mit einer Feder schmückte, einen Gegner zum Kampf auffordern wolle. Der Hut als Freiheitssymbol hatte ebenfalls eine starke Tradition. Zu Beginn des 17. Jahrhunderts avancierte der in den meisten Volkstrachten des deutschsprachigen Mitteleuropa getragene Bauernfilzhut zum Modehut, der auch in königlichen Kreisen Aufnahme und Nachahmung fand. So trug etwa König Heinrich IV. von Frankreich diese Art von Hut. Aber auch Wallensteins Armee benutzte Filzhüte. Von da an fanden diese Hüte im Wandel der verschiedenen daraufffolgenden Moden in allen Bevölkerungsschichten regen Widerhall. Könige und Adelige, Bürger und Bauern trugen Filzhüte in den verschiedensten Formen. Der Hut als Merkmal des Standes und des Berufes gewann eine starke Tradition. So galt z. B. das Tragen von weichen, breitkrempigen Filzhüten im Österreich des 19. Jahrhunderts als Merkmal der Opposition gegen konservative Kreise, welche steife Zylinder als Kopfschmuck bevorzugten.

Bedingt durch die industrielle Revolution wurde die händische Erzeugung im Rahmen des Hutmachergewerbes durch die maschinelle Anfertigung von Filzhüten großteils verdrängt. Heute sind Filzhüte in allen Größen und Formen in Geschäften erhältlich und werden noch gern getragen.

Kursteilnehmer an der Akademy of Art, Lemberg

Filzen mit Kindern im Freien

Allgemeine Einführung zum Thema „Filzen"

Eingangs wurde festgestellt, daß die Herstellung von Filzstoffen für Textilien und Gebrauchsgegenstände in Europa durch das Spinnen und Weben verdrängt wurde. Bei den Nomandenvölkern Asiens, den Mongolen, Kirghisen und Turkmenen, kennt und schätzt man noch heute die Technik des Filzens. Bis ins 20. Jahrhundert hinein werden die Zelte dieser Völker, die sogenannten Yurten, mit Planen aus Filz abgedeckt, die über das Grundgestell aus Holz gelegt und mit Bändern zusammengebunden werden. Die Frauen schmücken diese Filzplanen mit bunten Applikationen. Auch die Einrichtung der Yurten besteht zum großen Teil aus Filzdecken. Für die Tiere werden Satteldecken aus Filz hergestellt. Die **Filztechnik der Nomaden** gestaltet sich relativ einfach. Die Rohwolle wird mit Stangen so lange geschlagen, bis sie sich oberflächlich verfilzt. Dieser Grundfilz wird in eine Schilfmatte gerollt und mit heißem Wasser begossen. Danach wird die Rolle mit Hilfe von Stricken hin und her bewegt, oft auch von Tieren gezogen. Durch den auf diese Weise entstehenden hohen Druck und das heiße Wasser können sich die Wollfasern so ineinanderverhaken, daß sie nicht mehr zu lösen sind. So entsteht ein fester Stoff, der durch das Walken – ein stundenlanges Hin- und Herrollen des Filzes auch in die Querrichtung – so verfestigt wird, daß er wind- und wasserdicht ist. Häufig filzt man bunte Muster mit ein oder näht Applikationen auf den Filz.

Im Norden Europas, in Skandinavien und im Baltikum, wird die Filztechnik in Haushalten ebenfalls noch geschätzt. Im Gegensatz zur Nomadenfilztechnik wendet man dort eine **Technik des Filzens mittels Seife** an. Dazu werden die Wollfasern eines Vlieses mit Wasser und eingeseiften Händen so lange bearbeitet, d. h. ineinandergedrückt, bis Stoff entsteht. Die Beimengung von Seife zum heißen Wasser ermöglicht ein rascheres Verfilzen der Wollfasern als dies beim Filzvorgang mit purem Wasser möglich wäre.

Als man in den siebziger Jahren begann, in Amerika das Filzen als Freizeitbeschäftigung und künstlerische Entfaltungsmöglichkeit neu zu entdecken, wurde diese Technik häufig angewandt. Angeregt durch die rege Filztätigkeit in den USA, begann man auch in Europa wieder, Textilien und kleine Kunstwerke aus Filz herzustellen.

Im vorliegenden Buch werden die beiden oben beschriebenen Filztechniken kombiniert verwendet. Zusätzlich kommt eine von der Autorin nach älteren Vorlagen weiterentwickelte Technik zur Anwendung, das **Filzen mit Netz**. Ein Werkstück wird dabei zu Beginn des Filzvorganges mit einem Netzgewebe umhüllt und darin bearbeitet. Diese Technik garantiert, daß auch großflächige Werkstücke, wie Teppiche oder Bilder, schöne Ränder erhalten. Außerdem ergibt sich eine beträchtliche Zeitersparnis.

Das Wesentliche am Filzen ist, daß es ohne Verwendung technischer Hilfsmittel ganz einfach im eigenen Heim durchgeführt werden kann. Arbeitsgänge wie Spinnen und Stricken, die sehr aufwendig sein können, bleiben erspart. Neben der Freude, mit den eigenen Händen Stoff erzeugen zu können, der Ihre individuelle Note trägt, geht auch eine gewisse beruhigende und entspannende Wirkung vom Arbeiten mit Schafwolle aus.

Eigenschaften der Schafwolle

Als Material für das Filzen verwendet man Schafschurwolle. Sie können die Wolle ganz einfach von Schafhaltern aus Ihrer Umgebung beziehen. Aus ihr kann man gesunde und schöne Textilien herstellen. Siehe Bezugsquellenverzeichnis auf Seite 123 ff.

Die Schafschurwolle hat viele positive Eigenschaften. Sie ist atmungsaktiv und kann Feuchtigkeit bis zu einem Drittel ihres Eigengewichtes aufnehmen, ohne durchnäßt zu sein. Die schnelle Verdunstung von Wasser an der Faseroberfläche gewährleistet eine hohe Isolierfähigkeit der Wolle. Das heißt, daß auch nasse Kleidungsstücke aus Schafwolle im Inneren lange trocken bleiben, da die natürliche Fettschicht Lanolin das Wasser an der Oberfläche der Wollfaser abrinnen läßt. Dadurch wird auch ein Verschmutzen von Kleidungsstücken auf längere Zeit verhindert. Wolle ist auch schwer entflammbar. Sie ist daher als Dämmstoff gut geeignet.

Ein weiterer Vorteil bei der Verwendung von Schafwolle ergibt sich aus ihrer Umweltfreundlichkeit. Wolle ist ein immer nachwachsender, stets vorhandener Rohstoff, der jedoch häufig nur als Abfallprodukt bei der Schafhaltung anfällt. Daher ist Wolle leicht zu erwerben und kann für das Herstellen von gesunden Heimtextilien sinnvoll genutzt werden. Entsorgungsprobleme entfallen, und die Umwelt wird geschont.

Weshalb filzt Wolle?

Das geschorene Haarkleid des Schafes nennt man Wollvlies. Es besteht aus unzähligen Wollfasern, den Schafhaaren. Der Haarkern eines jeden Haares ist von einer verhornten Schuppenschicht umgeben. Die Schuppen sind, je nach

Eigenschaften der Schafwolle

Schafrasse, schindel- oder palmrindenartig angeordnet. Diese Schuppenschicht läßt sich leicht verschieben, kommt aber genauso leicht wieder in ihre Ausgangslage zurück, wenn sie nicht überdehnt wird. Die Elastizität der Wollfaser ist dadurch begründet.

Das Verfilzen der Wolle ist auf ein starkes Ineinanderschieben der Schuppen zurückzuführen, das durch mechanische Bewegung – auch gleichförmige Handbewegungen gelten als „mechanisch" – unter der Einwirkung von warmem Wasser und Druck geschieht. Das warme Wasser bewirkt ein Öffnen der Schuppen, die sich dann durch Drücken und Reiben so stark ineinanderverhaken, daß sie nicht mehr getrennt werden können. Wenn das Reiben und Drücken mit eingeseiften Händen erfolgt, wird der Vorgang beschleunigt. So entsteht der feste Stoff, den wir „Filz" nennen.

> Filz ist äußerst haltbar und von langer Lebensdauer. Kleidungsstücke aus Filz sind leicht zu reinigen, indem man sie lüftet und anschließend ausschüttelt. Ist der Stoff sehr gut verfilzt und gewalkt, kann er auch beim späteren Waschen nicht mehr einlaufen!

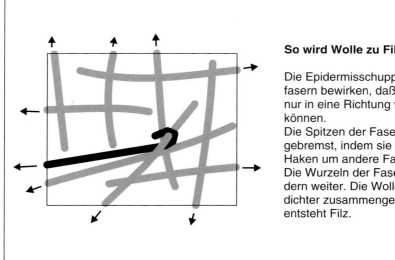

So wird Wolle zu Filz

Die Epidermisschuppen der Wollfasern bewirken, daß die Fasern nur in eine Richtung wandern können.
Die Spitzen der Fasern werden gebremst, indem sie sich wie Haken um andere Fasern legen. Die Wurzeln der Fasern aber wandern weiter. Die Wolle wird immer dichter zusammengezogen: es entsteht Filz.

MATERIALAUSWAHL

Hier einige Angaben über Schafrassen und Wollqualitäten, um Ihnen die Auswahl einer geeigneten Filzwolle zu erleichtern.

Das Schaf wird schon seit Jahrtausenden als Woll-, Fleisch- und Milchlieferant gehalten. Vermutungen über die Abstammung der heute bekannten Schafrassen besagen, daß Heidschnucken und Schafe mit grobem und langem Wollhaar das Mufflon, ein Wildschaf, als Vorfahren haben. Im Gegensatz dazu sollen die feinwolligen Schafrassen, wie das Merinoschaf, vom Arkal abstammen, einem Wildschaf, das in den osteuropäischen und asiatischen Steppen beheimatet war.

Im Mittelalter galt Spanien als das Schafzuchtland schlechthin. Erst im Laufe des 18. Jahrhunderts wurden spanische Merinoschafe in Frankreich, Deutschland und Österreich heimisch. Bedingt durch die verschiedenen Klimata entstanden zahlreiche Kreuzungen. Die Briten konnten eine sehr erfolgreiche Züchtung aufweisen, das sogenannte Crossbredschaf. Es ist bis heute einer der wichtigsten Wollieferanten der Textilwirtschaft.

Die wichtigsten im deutschsprachigen Raum gezüchteten Schafrassen sind:

- das feinwollige und sehr anspruchsvolle Merinoschaf;
- Fleischschafe;
- Milchschafe;
- anspruchslose, grobwollige Landschafrassen mit ihren Kreuzungen.

Die beste Wolle für die Verarbeitung von Kleidungsstücken und zur Füllung von Decken und Polstern liefert das Merinoschaf. Die Wollhaare weisen eine feine Kräuselung auf, die das Verfilzen des Vlieses erleichtert. Aus der Wolle des englischen Crossbredschafes kann man feine Garne für Socken und Unterbekleidung herstellen. Die grobe Wolle der Landschafrassen eignet sich zur Herstellung von Heimtextilien, Teppichen und Wandbildern.

Für das Filzen eignet sich nur Wolle von gesunden und lebenden Schafen, da diese ihre Spannkraft und Elastizität auch bei hoher Belastung nicht verliert. Die Wolle von toten Schafen ist spröde und eignet sich nicht zur Herstellung von Kleidung.

> Das äußere Merkmal einer guten Filzwolle ist eine reiche Kräuselung, wie sie die Wolle des Merinoschafes aufweist. Weist das Wollhaar viele Schuppen auf, verfilzt sich die Wolle um so besser.

Im Korb Rohwolle, im Hintergrund kardierte Wolle

Gefärbte und kardierte Wolle

Materialvorbereitung

Zur Herstellung von Filz wird das geschorene, gewaschene und kardierte Wollkleid des Schafes verwendet. Achten Sie beim Wollkauf darauf, daß das Vlies möglichst im Ganzen vorliegt, da die Verarbeitung von zusammenhängenden Vliesstücken einfacher ist als von vielen kleinen Stücken.

Wenn Sie selbst Schafe halten oder dies vorhaben, finden Sie nachstehend zwei Tips für die Schafschur, die das spätere Verarbeiten der Wolle erleichtern sollen.

- Die Schur sollte nicht vor den Eisheiligen im Mai stattfinden. Um diese Zeit ist die Wolle schon dicht und die Schafe können ihr Haarkleid entbehren.
- Die Schafe sollten bei der Schur trocken sein.

Waschen der Wolle

Um eine möglichst saubere Wolle zu erhalten, kann die Wolle bereits am Schaf einige Tage vor der Schur gewaschen werden. Diese Zeitspanne ist wichtig, damit die Wolle genügend Wollfett nachbilden kann. Denn für den Filzprozeß ist es notwendig, daß das Wollfett (Lanolin) erhalten bleibt. Lanolin schützt die Schafwolle vor starker Verunreinigung und dämpft die hohe Belastung, die die Wollfaser während des Filzprozesses erfährt.

Sollte Ihnen nur eine bereits entfettete Wolle zur Verfügung stehen, können Sie selbst Lanolin zuführen. Dazu kocht man einen Teelöffel Lanolin in einem halben Liter Wasser auf und gießt diese Mischung während des Filzens von Zeit zu Zeit vorsichtig über das Werkstück.

Sie können die Schafe auch ganz behutsam mit einer milden Seife und lauwarmem Wasser abwaschen. Dies sollte an einem sonnigen Tag geschehen, damit das Schaffell trocknen kann. In früherer Zeit erfolgte das Waschen der Wolle am Schaf auch unter Verwendung von Buchenholzaschenlauge.

Wenn Sie bereits geschorene, ungewaschene Wolle vor sich haben, müssen Sie eine Qualitätstrennung vornehmen. Die Rohwolle enthält nach der Schur Wollfett, Wollschweiß, Schmutz und Feuchtigkeit. Die besonders verschmutzte Bauch- und Schwanzwolle sollte gesondert in warmem Wasser mit einem milden Wollwaschmittel gewaschen werden. Sie soll nur für Füllungen oder zur Herstellung von Dämmatten verwendet werden. Die beste Wolle für die Herstellung von Kleidung ist die Wolle der Schultern, des Rückens und der Seitenteile.

Die übrige Rohwolle wird im kalten Wasser vorgeweicht. Besonders gut eignet sich zur Wollwäsche Regenwasser, das in einer Zisterne gesammelt werden kann.

Materialvorbereitung

> Die Wolle soll beim Waschen leicht auseinandergezogen, jedoch nicht gedrückt oder geknetet werden!

Der Waschvorgang wird so oft wiederholt, bis das Wasser sauber ist. Anschließend wird die Wolle in einen Polsterbezug oder Sack (Zwiebelsack) gesteckt und zentrifugiert. Nun muß sie so rasch wie möglich getrocknet werden, damit sie nicht an Qualität verliert. Dabei soll die Wolle nicht für längere Zeit direkter Sonnenbestrahlung ausgesetzt sein.

> Achten Sie auch darauf, daß gewaschene Wolle 30–40% weniger Gewicht als die schmutzige Schweißwolle hat!

Die getrocknete Wolle darf nicht in geschlossenen Nylonsäcken und in feuchten Räumen aufbewahrt werden. Es empfiehlt sich, die so behandelte Wolle noch in dem Jahr, in dem sie abgeschoren wurde, zu verwenden.

Kardieren

Um Filzstoffe herstellen zu können, muß man die gewaschene und getrocknete Rohwolle in feines Wollvlies verwandeln. Um dieses zu gewinnen, muß die Schafwolle kardiert werden. Das „Kardieren" kann man als ein „Kämmen" der Wolle bezeichnen. Durch dieses Kämmen wird eine Säuberung der Wolle von Pflanzenresten, eine Lockerung der Wolle und vor allem die Anordnung der einzelnen Wollfasern in eine gemeinsame Richtung bewirkt. Letzteres ist wichtig, damit sich beim späteren Filzprozeß die einzelnen Vlieslagen gleichmäßig ineinander verfilzen können.

Den Kardiervorgang kann man mit zwei Handkarden selbst durchführen. Dazu nimmt man eine der Karden in die linke Hand und legt etwas Wolle darauf. Nun nimmt man die zweite Karde in die rechte Hand und zieht mit ihr die Wolle von der linken Karde nach und nach herunter. Die Wolle haftet nun auf der Karde, die sich in Ihrer rechten Hand befindet. Sie werden beobachten, daß die Wolle schon feiner geworden ist. Der Kardiervorgang wird dann in die andere Richtung wiederholt. Je öfter der Vorgang durchgeführt wird, desto feiner ist das erhaltene Vlies. Mit dieser Technik können jedoch nur kleinere Vliesmengen hergestellt werden.

Da das Kardieren von Hand sehr mühsam und zeitaufwendig ist, empfiehlt es sich, die Wolle in einer Werkstätte (Spinnerei oder Wollfabrik) kardieren zu lassen. Dort läuft die gewaschene, getrocknete Schafwolle über mehrere Walzen, die die Wolle kämmen. Die gekämmte Wolle wird dann in dünnen Vliesbahnen um eine Rolle gewickelt.

Das kardierte Schafwollvlies dient als Grundstoff für die Herstellung aller Filzprodukte. Informationen über die Bezugsquellen bereits kardierten Wollvlieses erhalten Sie bei der Landwirtschaftskammer, in Werkstätten und im Branchenverzeichnis, siehe auch Bezugsquellenverzeichnis auf Seite 123 ff.

Der Arbeitsplatz und das Werkzeug für das Filzen

Als Arbeitsplatz für das Filzen verwendet man einen Tisch, oder eine andere, wasserabweisende Unterlage, auf die man am besten ein nicht mehr benötigtes Backblech mit hohem Rand legt. Dieser Rand verhindert, daß Wasser auf den Boden fließt. Damit das Wasser abrinnen kann, wird ein Loch an den Rand des Bleches gebohrt. Um das bereits kardierte Wollvlies abzuwiegen, genügt eine Küchenwaage. Weiters benötigen Sie warmes Wasser mit einer Temperatur von 30 bis 40° C und ein Stück milde Seife. Schere, Maßband, Gießkanne, ein Handtuch und ein Rollholz, das ist ein rundes, festes Stück Holz von ca. 50 cm Länge, mit einem Durchmesser von 3–4 cm, sollten ebenfalls bereitliegen.

Allgemeiner Filzvorgang

Bevor Sie mit der von Ihnen ausgewählten Wolle ein großes Werkstück filzen, sollten Sie ein Probestück herstellen.

> Um ein Werkstück mit bestimmten Abmessungen erzeugen zu können, müssen Sie zuerst wissen, wie sich die von Ihnen ausgewählte Wolle beim Filzvorgang verhält. Dies ist sehr wichtig, da der Prozentsatz, um den die Wolle beim Filzprozeß eingeht, bei den verschiedenen Schafrassen unterschiedlich hoch ist. Sogar das Filzverhalten von Wolle gleicher Schafrassen kann sich von Jahr zu Jahr verändern.

Nach Fertigstellung des Probestückes kann man den Wollbedarf und die Anzahl der benötigten Vlieslagen für alle nachfolgenden Erzeugnisse abschätzen.

Das Herstellen des Probestückes

Für das Probestück benötigen Sie 40 g kardiertes Wollvlies. Das Vlies wird in zwei gleich schwere Lagen zu je 20 g aufgeteilt und in eine quadratische Form gebracht. Erfahrungsgemäß empfiehlt sich ein Format von 20 x 20 cm, um ein aussagekräftiges Ergebnis zu erzielen.

Die beiden Teile werden nun so auf das (Back-)Blech gelegt, daß die erste Vlieslage in senkrechter Faserrichtung und die zweite Lage in waagrechter Faserrichtung aufeinanderpassen. Dies ist unbedingt notwendig, um ein späteres Verfilzen der beiden Lagen zu gewährleisten.

Wichtig ist die gleichmäßige Stärke des Werkstücks. Um diese zu überprüfen, drücken Sie die Wolle mit flachen Händen ineinander. Es dürfen keine Löcher in der Oberfläche entstehen. Dünne Stellen in der Oberfläche werden mit kleinen Vliesstücken belegt, die man vorsichtig vom Rand des Vlieses abzupft. Generell gilt: Das Werkstück nicht auseinanderziehen oder zusammenschieben, um Löcher zu schließen oder Erhebungen zu glätten. Besonderes Augenmerk ist auf die Ecken zu legen, damit diese nicht zu dünn werden.

Mit dem Gießkännchen wird nun Wasser in die Mitte des Probestückes gegossen. Wenn Sie ein anderes Gefäß ohne Verteiler verwenden, soll das warme Wasser über den Handrücken, durch die geöffneten Finger fließend, langsam aufgegossen werden. Nun nimmt man Seife und Wasser und seift die Hände ein. Von der Mitte ausgehend, drückt man dann mit flachen Händen die Lagen sanft in-

einander. Nicht mit den Fingerspitzen drücken, da sonst dünne Stellen entstehen könnten. Zum Rand hinaus wird das Vlies mit klopfenden Bewegungen sanft gedrückt. Ein Rand von ca. 2 cm soll trocken stehengelassen werden. Nach einigen Minuten wird der trockene Rand hereingebogen und festgedrückt. Durch Anwendung dieser Technik entsteht ein korrekter Rand. Nun wird von außen nach innen behutsam gedrückt, bis sich weißer, cremiger Seifenschaum an der Oberfläche bildet.

> Beachten Sie, daß Sie immer mit kreisenden, vibrierenden Bewegungen arbeiten, damit das Stück in jede Richtung gut verfilzt wird. Wenn Wolle an den Händen hängen bleibt, muß man mehr Seife verwenden.

Durch kreisendes, sanftes Streichen mit den Händen über den Seifenschaum wird das „Verfilzen" der Wolle ermöglicht. Durch die Vibration der Reibung verhaken sich die Härchen auf den Schuppen des Schafhaares ineinander. Das Werkstück sollte nicht zu naß sein, daher eventuell Wasser abgießen! (Nur bei sehr verschmutzter Wolle öfter Wasser wechseln.) Nach ca. 15 Minuten, wenn das Werkstück schon eine gewisse Festigkeit erlangt hat, können Sie es vorsichtig wenden. Das überflüssige Wasser wird behutsam aus dem Vlies gedrückt und abgegossen. Man kann es auch durch ein Loch im Blech abfließen lassen. Mit gut eingeseiften Händen und kreisenden Handbewegungen wird nun sanft weiter gefilzt, und das Werkstück wieder von außen nach innen bearbeitet! Danach können Sie das Stück ca. alle 5 Minuten wenden und auf jeder Seite behutsam bearbeiten. Nach und nach entsteht unter Ihren Händen Stoff. Nach einer halben Stunde wird der Probefleck vorsichtig in warmem Wasser ausgewaschen. Dann kann man wieder mit Wasser und Seife beginnen, den Stoff mit den Händen zu bearbeiten.

> Generell gilt: Je fester das Werkstück wird, desto mehr Druck kann man mit den Händen darauf ausüben. Aber immer gleichmäßig mit den flachen Händen reiben! Nach ca. 5–10 Minuten das Werkstück wieder auswaschen.

Sollten im Werkstück Falten entstanden sein, ist dies darauf zurückzuführen, daß zu Beginn des Filzvorganges zu heißes Wasser verwendet wurde, oder daß das Werkstück mit zuviel Druck bearbeitet wurde. Daher ist es empfehlenswert, die Wassertemperatur zuerst lauwarm (ca. 30° C) zu halten, und erst nach und nach heißeres Wasser hinzu zu gießen.

Ganz wichtig ist es, das Wollvlies zu Beginn mit sanftem Druck und langsamen, vibrierenden Bewegungen zu bearbeiten.

Um ausprobieren zu können, um wieviel Prozent das Probestück bei der Bearbeitung kleiner wird, setzen Sie mit dem Walkvorgang fort. Es ist notwendig, das Probestück so lange zu bearbeiten, bis es nicht mehr schrumpft. Auf diese Weise kann man ein möglichst genaues Ergebnis erzielen, mit dem festgestellt werden kann, wieviel Zeit eine bestimmte Wollart benötigt, um zu verfilzen. Bei dem kleinen Probestück würde es auch genügen, das Walken mit den Händen durchzuführen. Wenn Sie Gegenstände wie Bilder, Teppiche oder Matten herstellen, ist das Rollholz eine große Hilfe.

Walken mit dem Rollholz: Ein Handtuch wird auf der Arbeitsfläche aufgelegt. Dann taucht man den Probefleck in warmes Wasser. Anschließend legt man das Probestück auf ein Handtuch und rollt beides zusammen mit dem Rollholz auf. Nun wird das Ganze einige Minuten mit den Händen hin und her gerollt. Das Probestück geht immer in die Richtung ein, in die man gerade walkt. Um ein gleichmäßiges Bearbeiten des ganzen Stückes zu gewährleisten, muß man dieses einige Male drehen. Dies erfolgt so: Nach einigen Minuten des Walkens wird das Handtuch aufgerollt, das Rollholz entfernt und das Werkstück einmal im Uhrzeigersinn gedreht. Das Probestück wird zwischendurch abwechselnd in heißes und kaltes Wasser getaucht. Dadurch wird der Schrumpfvorgang beschleunigt. Dann rollt man das Probestück wieder ein und walkt mit den Händen weiter. Der Vorgang wird ca. alle fünf Minuten wiederholt. Hierauf wird das Handtuch wiederum aufgerollt. Diesmal wird das Probestück gewendet, damit auch die andere Seite gleichmäßig bearbeitet werden kann. Nun wird das Stück wieder im Uhrzeigersinn gedreht und dazwischen immer wieder in heißes Wasser eingetaucht. Zwischendurch mißt man den Probefleck ab. Das Werkstück wird so lange bearbeitet, bis es nicht mehr schrumpft.

Durch diese Technik hat sich das Probestück, je nach Schafrasse und Wolle, mehr oder weniger verkleinert. Wenn Sie mit Landschafwolle gearbeitet haben, wird sich das Stück schneller verfilzt haben und kleiner geworden sein, als es zum Beispiel bei Texelschafwolle der Fall gewesen wäre.

Hat das Probestück seine Endgröße erreicht, wird es zentrifugiert und zum Trocknen aufgehängt. Man kann das Werkstück auch gleich nach dem Zentrifugieren bügeln.

Für weichere Stücke, wie Mäntel, Jacken oder Futterstoffe, muß der Filzvorgang längere Zeit durchgeführt werden. Bei Werkstücken, die höhere Festigkeit erfordern, wie Teppiche, Matten oder Schuheinlagen, muß hingegen der Walkvorgang länger andauern.

> Es ist ratsam, diese Technik mit verschiedenen Wollarten auszuprobieren und sich einen kleinen Musterkatalog anzulegen.

Verfestigen des Werkstückes

Vorbereiten zum Walken

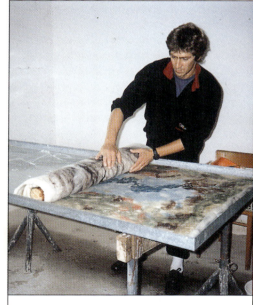

Großflächiges Filzen

Einrollen des Werkstückes

Walken

ALLGEMEINER FILZVORGANG

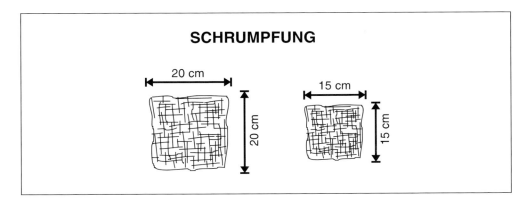

Als Versuch wurde auch ein Probefleck aus schwarzer Alpaka- und brauner Lamawolle gefilzt. Diese nun auch in Mitteleuropa immer häufiger gezüchteten Tiere sind sehr genügsam und liefern eine feine, weiche Wolle.

Bei der Benutzung von 40 g Wollvlies in der Größe von 20 x 20 cm konnten dieselben Ergebnisse bei beiden Wollarten erzielt werden. Die Wolle war nach 10 Minuten verfilzt, wobei sie nur um 2 cm im Umfang schrumpfte. Nach einer halben Stunde des Filzens wurde eine Endgröße des Probestückes von 15 x 15 cm erreicht.

Natürlich kann man auch größere Werkstücke mit Lama- und Alpakawolle herstellen.

> Generell ist zu sagen, daß nicht immer genaue Angaben über das Gewicht der bei den beschriebenen Werkstücken verwendeten Wolle gemacht werden können, da jede Schafrasse eine eigene, spezifische Wollart liefert. Wenn ein Werkstück größer oder dicker gefilzt werden soll als ein im Buch beschriebenes Stück, ist dementsprechend mehr Wolle zu verwenden.

Aus nicht mehr benötigten Probestücken kann man eine sehr schöne Patchworkdecke anfertigen.

DIE PATCHWORKDECKE

Übungs- und Probeflecke werden in gleich große Vierecke mit geraden Rändern zurechtgeschnitten. Wenn die Flecke nicht farbig sind, kann man sie mit Pflanzenfarben bunt gestalten. Die einzelnen Stücke werden nebeneinander aufgelegt und mit Hexenstich zusammengenäht. Zur Verstärkung der Decke kann auf einer Seite weicher Flanellstoff aufgenäht werden. Zuerst wird der Stoff ausgebreitet. Dann legt man die fertig genähte Patchworkdecke darauf, so daß 10 cm des Stoffes an jeder Seite überstehen. Nun wendet man das Ganze, schlägt den Rand um und näht ihn ringsherum fest.

Wollen Sie die Filzstücke für eine Patchworkdecke extra anfertigen, ist es günstiger, die Stücke längere Zeit zu filzen und nur kurze Zeit zu walken. So erhalten Sie eine weiche, geschmeidige Decke.

Schematische Darstellung „Filzen"

Das Filzen besteht im wesentlichen aus drei Arbeitsgängen, dem Ineinanderdrücken, dem Verfilzen und dem Walken.

- Wollvlies in Lagen zurechtschneiden;
- Vlieslagen übereinanderschichten – eine Lage senkrecht, die nächste waagrecht, usw;
- gleichmäßige Stärke der Vlieslagen überprüfen;
- 30° C warmes Wasser langsam von der Mitte ausgehend über das Vlies gießen;
- mit eingeseiften Händen die Vlieslagen sanft ineinanderdrücken, bis Seifenschaum entsteht;
- Rand trocken stehen lassen;
- das Werkstück zum Rand hinaus sanft bearbeiten;
- den Rand hereinbiegen und festdrücken;
- von außen nach innen mit kreisenden, vibrierenden Bewegungen über die Oberfläche streichen, bis weißer, cremiger Seifenschaum entsteht;
- wenn sich die Vlieslagen verfilzt haben: Werkstück wenden;
- Wasser ausdrücken und die andere Seite bearbeiten;
- Werkstück so oft wenden und weiter filzen, bis Stoff entstanden ist;
- mit dem Walkvorgang fortfahren, bis das Werkstück die gewünschte Größe erreicht hat;
- Werkstück spülen, zentrifugieren und trocknen.

DER FILZVORGANG

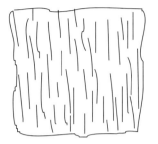

Kardierte Wollvlieslagen
2 Lagen (eine waagrecht, eine senkrecht)

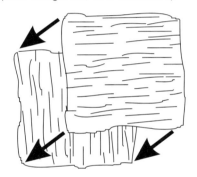

Aufeinanderlegen der Wollvlieslagen, Faserrichtung beachten!

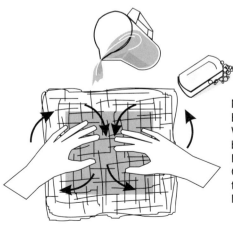

Mechanische Bearbeitung mit Wasser und Seife, beginnend von der Mitte nach außen. Ca. 2 cm Rand trocken stehen lassen.

DER FILZVORGANG

FILZPROBE

Wenn sich die Wollfasern noch leicht anheben lassen, ist der Filzvorgang noch nicht beendet.

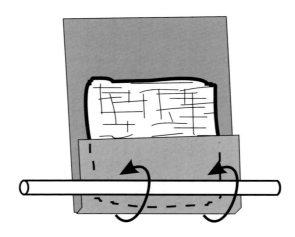

WALKEN

Mit einem Stab wird nach dem Filzen das Werkstück in einem Handtuch aufgerollt und gleichmäßig hin und her gerollt.

Filztechniken

Die in diesem Buch vorgestellten Filztechniken lassen sich einteilen in:

- flächiges Filzen;
- Hohlkörperfilzen;
- Rundkörperfilzen.

Flächiges Filzen

Die Technik des Flächenfilzens wird zur Herstellung von großflächigen Werkstücken wie Teppichen, Matten, Bildteppichen und Dämmatten verwendet. Auch Stoffe für Jacken und Mäntel, Futterstoffe, Unterbetten, Matten, Sesselpolster, Autositze, Satteldecken, Schuheinlagen, Pantoffeln und vieles mehr können mit dieser Technik hergestellt werden. Die Werkstücke werden in einem Stück gefilzt und benötigen keine Schnittvorlage oder Hilfsmittel zum Trennen der Lagen, wie dies bei der Technik des Hohlkörperfilzens der Fall ist.

Ausgehend von der zuvor beschriebenen Grundtechnik gibt es hier eine sehr gute Möglichkeit, sich die Arbeit zu erleichtern. Wenn man das Werkstück unter Zuhilfenahme eines Netzgewebes filzt, erzielt man mit geringerem Aufwand und großer Zeitersparnis sehr schöne Ergebnisse an Form und Festigkeit. Speziell das Filzen von großflächigen Werkstücken und Bildern wird durch diese Technik erleichtert.

> Sie können Ihre Werkstücke auch bunt gestalten, indem Sie gefärbtes Wollvlies benutzen. Wie man Wolle mit Pflanzen selbst färben kann, erfahren Sie im nachstehenden Kapitel „Färben mit Pflanzen".

Die Arbeitstechnik des **flächigen Filzens** wird im folgenden am Beispiel der Herstellung einer Kinderbetteinlage beschrieben.

Kinderbetteinlage, 80 x 60 cm

Sie benötigen:

- *Wasser, Wolle, Seife;*
- *Waage, Gießkanne, Schere;*
- *einen dünnen, netzartigen Stoff. Am besten bewährt haben sich Kunststoffgardinen ohne Muster (Leinenbindung) mit einer Maschenweite von ca. 1 mm;*
- *ersatzweise kann auch ein feines, starkes Baumwollgewebe verwendet werden (Bettuch);*
- *die Größe des Netzes sollte so bemessen sein, daß das geplante Werkstück zur Gänze darin eingeschlagen werden kann. Wenn die Trockenmaße des Werkstückes zum Beispiel 70 x 50 cm betragen, so sollte das Netz einen Umfang von etwa 90 x 120 cm haben;*
- *einen Tisch oder eine sonstige, wasserabweisende Arbeitsfläche, die der Größe des Werkstückes entspricht;*
- *wenn vorhanden, ein großes Blech (Abdeckung eines E-Herdes) mit Abflußloch verwenden;*
- *ein Rollholz, das 20 cm länger ist als die zu bearbeitende Fläche, damit Sie das Holz gut mit den Händen links und rechts umfassen können;*
- *Stoffbänder aus Stoffresten, 3–4 cm breit und zwischen 50–100 cm lang, je nach Dicke der verwendeten Wollagen.*

Zuerst werden 600 g Wollvlies abgewogen und in drei gleich schwere Lagen aufgeteilt. Diese Lagen können aufgerollt und griffbereit zurechtgelegt werden. Dann wird das Netz auf dem Blech ausgebreitet und angefeuchtet. Die erste Lage des Wollvlieses wird in senkrechter Faserrichtung auf das Netz gelegt. Die zweite Lage wird auf das Maß der ersten Lage zurechtgeschnitten und in waagrechter Faserrichtung auf die erste Lage gelegt. Die letzte Lage wird wieder in senkrechter Faserrichtung auf die beiden ersten Lagen gelegt. Dann wird das Netz geschlossen, indem man zuerst die Längsseiten und dann erst die Breitseiten umklappt. Nun wird warme Seifenlauge vorsichtig von der Mitte ausgehend auf das Werkstück gegossen, so daß dieses durchnäßt wird. Mit gut eingeseiften Händen drückt man dann die Wolle sanft ineinander, wie beim Probestück, bis sich cremiger Seifenschaum auf dem Netz bildet. Nun wird ca. 20 Minuten lang behutsam mit kreisenden Handbewegungen über den Schaum gestrichen. Dabei soll nur sehr wenig Druck ausgeübt werden. Das Werkstück wird danach auf das Rollholz gerollt und überschüssiges Wasser damit herausgerollt. Anschließend öffnet man das Netz und rollt das Rollholz von der anderen Stirnseite her mit dem Werkstück zusammen auf. Das Wasser wird wieder herausgedrückt. Nun wird das Rollholz beiseite gelegt. Jetzt wendet man das Werkstück und bearbeitet es erneut. Mit frischem, warmem Wasser und gut eingeseiften Händen wird mit kreisenden, vibrierenden Handbewegungen von außen nach innen über das Netz gestrichen, bis cremiger Seifenschaum entsteht. Nach 20 Minuten wird mit der Gießkanne Wasser über das Werkstück gegossen und die kalte, schmutzige Lauge mit dem Rollholz herausgerollt. Nach diesem Vorgang öffnet man das Netz vorsichtig und entfernt es.

Sie sehen, daß durch die Benützung des Netzes schöne Ränder entstanden sind. Zusätzlich ergibt sich eine Zeitersparnis. Sie können kontrollieren, wie weit sich das Wollvlies bereits verdichtet hat. Die Festigkeit erhöht sich mit der Dauer des Filz- und Walkprozesses. Wenn die Temperatur des Wassers während der Bearbeitung ständig erhöht wird, erfährt der Filzvorgang eine Beschleunigung. Für den Schwemmvorgang wird die Seifenlauge mit Hilfe des Rollholzes und klarem, kaltem Wasser herausgedrückt.

> Wichtig: Bereits zu Beginn, je nach Werkstück, genügend Wollagen auflegen, da man im Filzprozeß nichts mehr hinzufügen oder wegnehmen kann.

Es ist auch möglich, die Filzarbeit jederzeit für mehrere Tage zu unterbrechen. Dann kann die Arbeit mit frischer Seifenlauge fortgesetzt werden.

Die **Filztechnik für flächiges Filzen mit Netz** kann für Objekte von beliebiger Größe angewandt werden. An dieser Stelle wird die Herstellung einer Matte beschrieben, die Sie vielseitig einsetzen können. Einige Beispiele: als gesunde Bettauflage, als Gymnastikunterlage, als Raumteiler, Wandbehang, Spielteppich für Kinder, als Campingmatte zum Mitnehmen etc.

Damit die Matte Festigkeit erhält, wird nun auch das Rollholz für den Walkprozeß eingesetzt.

Filzen einer Mehrzweckmatte, 90 x 200 cm

Sie benötigen:

- *1 kg Wolle pro Laufmeter = 2 kg für 2 m Länge;*
- *Wasser, Seife;*
- *Schere, Gießkanne, Reibebrett;*
- *feinmaschiges Nylongewebe, das das Werkstück zur Gänze umhüllen muß;*
- *ein Rollholz von 1,1 m Länge, mit einem Durchmesser von 7 cm;*
- *10 Stoffbänder mit einer Breite von je 4 cm, die lange genug sind, das eingerollte Vlies zu umspannen;*
- *als Arbeitsfläche, wenn möglich, ein großes Blech mit hochgezogenem Rand oder einen Tapeziertisch verwenden.*

Das Wollvlies wird in vier Lagen à 500 g aufgeteilt und auf 90 x 200 cm zurechtgeschnitten. Zuerst wird das Netz ausgebreitet. Wenn Sie die Matte bunt gestalten wollen, ordnen Sie ungewogenes, pflanzengefärbtes Vlies hauchdünn auf dem Netz zu einem Muster an. Die erste Lage wird in senkrechter Faserrichtung auf das Netz gelegt. Die zweite Lage wird in waagrechter Faserrichtung darübergelegt. Dieser Vorgang wird mit den letzten beiden Lagen wiederholt. Das Netz wird nun über dem Werkstück zusammengeklappt, wobei die Längsseiten zuerst eingeschlagen werden. Bei einer derart großen Fläche empfiehlt es sich, mit dem Rollholz die noch trockenen Lagen ineinanderzudrücken. Jetzt wird soviel warmes Wasser auf das Netz gegossen, daß die Wolle gut durchnäßt ist. Anschließend wird mit gut eingeseiften Händen ohne Druck über dem Netz die Filztechnik angewendet. Man fährt dabei sanft mit beiden Händen über das Netz, bis Seifenschaum an der Oberfläche entsteht. Nach etwa einer halben Stunde läßt man das Wasser ablaufen und gießt nun ca. 40 bis 50° C warmes Wasser auf das Werkstück. Danach wird das Rollholz auf das Netz gelegt und das Werkstück langsam und fest damit eingerollt. Die Rolle muß in Abständen von 10 cm mit den Stoffbändern abgebunden werden. Nun wird das Werkstück langsam und gleichmäßig und immer im selben Rhythmus 10–15 Minuten lang gerollt. Nach diesem Vorgang öffnet man die Bänder, entfernt das Rollholz und begießt die Matte mit frischer Seifenlauge. Dann legt man das Rollholz auf die andere Stirnseite des Werkstückes und rollt die Matte damit in entgegengesetzter Richtung ein. Die Bänder werden nun wieder angebracht. Das Werkstück wird abermals 10–15 Minuten rhythmisch hin und her gerollt. Auf diese Art und Weise entstehen schöne, gleichmäßige Ränder. Anschließend wird die Rolle wieder geöffnet und die Matte gewendet. Die bunte Seite liegt nun oben. Auch sie wird nun mit der oben beschriebenen Filztechnik bearbeitet. An dieser Stelle können Sie das Netz zur Kontrolle öffnen. Ist die Oberfläche bereits gut verfilzt, kann das Netz entfernt werden. Mit der Hand und dem Reibebrett wird nun weitergearbeitet. Das Reibebrett dient zum Verteilen des Seifenschaumes und zum Festigen der Matte. Die Matte muß dabei mehrmals gewendet werden. Ist sie fest genug, wird mit dem Rollholz und klarem Wasser die Seife herausgedrückt. Wenn Sie dabei abwechselnd heißes und kaltes Wasser verwenden, verfestigt sich die Matte weiter. Abschließend wird das fertige Werkstück zum Trocknen aufgehängt.

Um einen leichteren Transport der fertigen Matte zu ermöglichen, versieht man sie mit zwei gefilzten Schnüren (siehe unten), die mindestens 1,2 m lang sein sollten. Diese werden an einer Breitseite der Matte angebracht, indem man mit einem spitzen Gegenstand Löcher sticht, durch die die Schnüre gezogen und mit einem Knoten festgebunden werden. Zum Transport wird die Matte eingerollt und zusammengebunden.

Filzen von Schnüren mit einer Länge von 1,2 m

Auf ein Frotteetuch werden dickere Wollvliesstreifen von 3–4 cm Breite und ca. 1,5 m Länge gelegt. Sollte kein Vlies in dieser Länge vorhanden sein, werden einzelne kürzere Vliesstücke an den Rändern überlappend zu einem Band angeordnet und zusammengedrückt. Anschließend wird der Wollstreifen mit warmem Wasser benetzt und hin und her gerollt. Nach einigen Minuten wird mit eingeseiften Händen weitergearbeitet, bis eine sehr feste Schnur entsteht. Die Seife abwechselnd mit heißem und kaltem Wasser ausspülen.

Filzen einer Satteldecke

Sie benötigen:

- *1,2 kg Wolle;*
- *Wasser, Seife;*
- *Schere, Papier, Gießkanne, Bleistift, Waage;*
- *einen dünnen Bodenbelag für das Herstellen einer Schablone;*
- *ein Rollholz;*
- *ein feinmaschiges Nylonnetz;*
- *eine wasserabweisende Arbeitsunterlage.*

SATTELDECKE

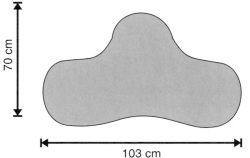

Erstellen einer Schablone in gewünschter Größe.

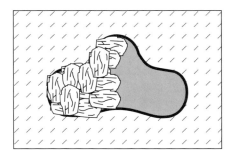

Die Schablone wird auf ein Nylon-Netzgewebe (Vorhangstoff) gelegt. Auf die Schablone wird abwechselnd senkrecht bzw. waagrecht Wollvlies aufgelegt.

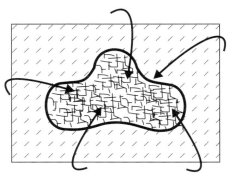

Das Netz wird von außen nach innen über die Schablone geschlagen.

SATTELDECKE

Mit einer Gießkanne wird Seifenlauge über die im Netz eingeschlagene Wolle gegossen. Die Wolle wird mit beiden Händen auf die Schablone gedrückt, bis Seifenschaum entsteht.

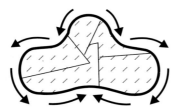

Die Oberfläche der Satteldecke wird nun von außen nach innen – zunächst behutsam, dann immer stärker werdend – verfilzt.

Als erstes wird ein Schnitt in gewünschter Größe für eine Satteldecke angefertigt. Davon wird eine Schablone aus dünnem Bodenbelag hergestellt, die ca. 103 cm in der Breite und 70 cm in der Höhe messen soll. Dazu legen Sie den Schnitt auf den Belag und zeichnen ihn nach. Ein Rand von 4 cm soll für die Schablone zugegeben werden. Die Schablone benötigt man hier nur, damit die Decke sich leichter formen läßt. Sie wird nicht zur Trennung der Vlieslagen benutzt, wie in der nachfolgenden Hohlkörperfilztechnik.

Sie benötigen weiters 1,2 kg Wollvlies, das in drei Lagen aufgeteilt wird. Das Netz wird ausgebreitet und die Schablone daraufgelegt. Farbiges Vlies auflegen, wenn die Satteldecke bunt werden soll. Die erste Vlieslage wird in senkrechter Faserrichtung auf das Netz gelegt, die beiden anderen Lagen werden waagrecht/senkrecht darübergegeben. Das Stück, das am Hals des Pferdes aufliegt, muß zusätzlich mit ein wenig Wollvlies verstärkt werden. Nun wird das Netz über dem Werkstück zusammengeklappt, wobei zuerst die Längsseiten und dann

Ärmellose Jacke

Mehrzweckmatte mit gefilzten Schnüren

FILZTECHNIKEN

die Breitseiten des Netzes geschlossen werden. Dann wird warmes Wasser auf das Netz gegossen, bis alles gut durchnäßt ist. Anschließend wird mit gut eingeseiften Händen ohne Druck solange über das Netz gestrichen, bis die Oberfläche verfilzt ist. Dabei sollen die Ränder gut bearbeitet werden. Nach ca. einer Stunde kontinuierlichen und rhythmischen Arbeitens dreht man das Werkstück um. Danach wird das Netz geöffnet und die Schablone entfernt. Durch die Schablone ist die Form schon vorgegeben. Nun kann die Satteldecke mit den Händen und dem Netz weiterbearbeitet werden. Dazu wird das Werkstück immer wieder gewendet und die Netzfilztechnik angewandt. Von Zeit zu Zeit mit Hilfe der Schablone kontrollieren, ob die Satteldecke die gewünschten Ausmaße erreicht hat.

Die Herstellung eines solchen Stückes erfordert viel Geduld. Eine Satteldecke muß rund eine Stunde lang mit dem Rollholz bearbeitet werden, um die benötigte Festigkeit erreichen zu können. Vorteil einer gefilzten Satteldecke: Durch das Fehlen von Nähten werden schmerzhafte Druckstellen beim Pferd vermieden.

Wenn Sie eine Matte zum Zweck der Dämmung einsetzen wollen, kann diese auch mittels **Filztechnik der Nomaden** hergestellt werden, die nur mit Wolle und Wasser auskommt.

Dämmatte in Nomadenfilztechnik, 90 x 200 cm

Sie benötigen:

- *800 g bis 1 kg Wollvlies pro Laufmeter, je nach benötigter Stärke der Dämmung;*
- *Wasser;*
- *eine Gießkanne;*
- *ein Netz und Stoffbänder, Länge und Breite wie bei der Matte.*

Das Netz wird ausgebreitet und das Wollvlies in 4 Lagen aufgelegt, die erste Lage in senkrechter Faserrichtung, die zweite Lage in waagrechter Faserrichtung, usw. Dann wird das Netz geschlossen. Danach wird das Wollvlies auf das Rollholz gerollt. Während dieses Vorganges wird warmes Wasser über das Werkstück gegossen. Anschließend wird die Rolle mit den Bändern alle 10 cm nicht zu fest abgebunden und das Ganze 20 Minuten rhythmisch hin und her gerollt. Die Rolle muß dabei ständig naß bleiben. Danach werden die Bänder gelöst und das Ganze in entgegengesetzter Richtung um das Holz gewickelt und wieder 20 Minuten gerollt. Nun werden die Bänder gelöst und die Matte gewendet. Dann wird der Vorgang mit heißem Wasser wiederholt. Diesmal genügt es, in jede Richtung 10 Minuten lang zu rollen. Die Rolle soll nicht mehr so naß sein wie zuvor. Wenn die Matte für Ihre Zwecke noch nicht fest genug ist, können Sie den Rollvorgang wiederholen. Schließlich wird die fertige Matte zum Trocknen aufgehängt.

Der Dämmstoff kann mit in einschlägigen Geschäften erhältlichen Mitteln mottensicher und feuerbeständig gemacht werden.

Ihrer Kreativität sind keine Grenzen gesetzt, wenn es darum geht, Bilder aus Filz herzustellen. Unter Verwendung gefärbten Wollvlieses entstehen wahre Meisterwerke. Eine große Arbeitserleichterung bildet dabei die Technik des Filzens mit Netz. Das Netzgewebe verhindert, daß das arrangierte Muster während des Filzvorganges zerstört wird.

Filzen eines Bildes

Sie benötigen:

- *Wolle, Wasser, Seife, Gießkanne;*
- *Papier, Schere und Bleistift für den Entwurf;*
- *einen dünnen, netzartigen Stoff. Am besten bewährt haben sich Kunststoffgardinen ohne Muster (Leinenbindung) mit einer Maschenweite von ca. 1 mm;*
- *ersatzweise kann auch ein feines, starkes Baumwollgewebe verwendet werden (Bettuch);*
- *ein Reibebrett, wie es zum Glätten von Wandverputz verwendet wird;*
- *einen Tisch oder sonstige wasserabweisende Arbeitsfläche, die der Größe des Werkstückes entspricht;*
- *ein Rollholz, das 20 cm länger ist als das herzustellende Werkstück;*
- *Stoffbänder, ca. 4 cm breit, Länge je nach Umfang des zusammengerollten Werkstückes;*
- *2 Lagen Wollvlies, Gewicht je nach gewünschter Größe des Bildes.*

Das Netz wird auf dem Tisch ausgebreitet und angefeuchtet. Auf das nasse Netz können Sie nun mit einem weichen Bleistift Ihren Entwurf vorzeichnen und mit farbiger Wolle nachlegen.

> Zu beachten ist, daß das Bild am Ende seitenverkehrt erscheint. Was zu Beginn rechts aufgelegt wird, erscheint am fertigen Bild auf der linken Seite.

FILZTECHNIKEN

Pflanzengefärbtes Vlies wird in hauchdünnen Lagen aufgelegt. Beim Filzen mit gefärbter Wolle ist zu beachten, daß diese nicht mehr dieselbe Filzfähigkeit hat wie unbehandelte Wolle und deshalb nur sehr dünn aufgelegt werden soll. Für plastische Erhebungen dreht man Wolle mit den Fingern zu einem mehr oder weniger dicken Faden zusammen (Beispiel: Linien, Kreise und Konturen). Nach dem Auflegen des Motivs wird die Wolle mit Wasser besprengt. Dann wird das Bild mit gut eingeseiften Händen fixiert, indem man die Wolle vorsichtig mit beiden Händen niederdrückt. Nun werden zwei Lagen Wollvlies aufgelegt, die erste Lage senkrecht, die zweite Lage waagrecht. Falls Ihnen kein schönes, geschlossenes Vlies zur Verfügung steht, können Sie einzelne Vliesstücke verwenden, um sie zu einem ganzen Vlies zusammenzusetzen. Die Technik dazu: Mit einer Hand das Vlies festhalten und mit der anderen Hand Wolle abzupfen und dachziegelartig übereinanderschichten. Nie das Vlies auseinanderziehen oder zusammenschieben!

> Ganz wichtig ist auch das Verstärken der Ecken, damit sich ein schöner Rand ergibt.

Nach dem Auflegen der Wolle wird das Netz über dem Werkstück geschlossen, indem man zuerst die Längsseiten und dann die Stirnseiten zusammenklappt. Nun wird mit der Gießkanne handwarmes Seifenwasser über das Netz gegossen und das Ganze gut durchnäßt. Danach drückt man mit beiden Händen senkrecht auf das Netz, bis cremiger Schaum auf der Oberfläche des Netzes sichtbar wird. Mit kreisenden Bewegungen und ohne Druck von außen nach innen mit dem Reibebrett behutsam über das Werkstück streichen.

Nach einer halben Stunde rollt man das Werkstück mitsamt dem Netz auf ein Rollholz langsam und fest auf. Dabei muß darauf geachtet werden, daß keine Falten im Netz entstehen. Das eingerollte Bild wird in Abständen von ca. 10 cm mit starken Stoffbändern abgebunden, jedoch nicht eingeschnürt! Danach das Ganze ca. 10 Minuten lang in einer Richtung ohne Druck im Rhythmus vor und zurück rollen. Es muß eine ganze Umdrehung erfolgen. Dann werden die Bänder gelöst, das Werkstück aufgerollt und mit warmem Wasser begossen. Nun das Rollholz auf die andere Stirnseite des Bildes legen und zusammen mit dem Werkstück einrollen. Die Stoffbänder wieder anbringen und erneut 10 Minuten rollen. Mit dieser Methode wird ein schöner Rand erzeugt und das Bild vorgefestigt.

Jetzt wird das Werkstück umgedreht. Dazu werden zuerst die Bänder gelöst und das Rollholz entfernt. Das Werkstück nun so umdrehen, daß die Motivseite, die sich noch immer im Netz befindet, bearbeitet werden kann. Mit frischer Seifenlauge und gut eingeseiften Händen behutsam drücken, bis auf dem Netz

Teppich mit geometrischem Muster

Lebensbaum

abermals cremiger Seifenschaum entsteht, und mit kreisenden Handbewegungen von außen nach innen zu filzen beginnen. Wenn nötig, Wasser nachgießen oder mehr Seife verwenden. Bei größeren Flächen können Sie auch das Reibebrett einsetzen.

Nach ca. einer halben Stunde können Sie das Netz wegnehmen und ohne dieses weiterfilzen, bis das Bild fester geworden ist. Zwischendurch wird das Werkstück mit warmem Wasser ausgespült und bis zur gewünschten Festigkeit mit eingeseiften Händen weiterbearbeitet.

> Generell gilt: Je länger man ein Stück bearbeitet, desto haltbarer wird es.

Die endgültige Festigkeit bekommt das Bild durch das Walken mit dem Rollholz. Das Netz wird wieder ausgebreitet und das Bild daraufgelegt. Nun wird das Netz geschlossen, mit heißem Wasser begossen und eng auf das Rollholz gerollt. Es genügt, die Stoffbänder nur mehr alle 20 cm anzubringen. Jetzt wird 10 Minuten mit festem Druck gerollt, im Unterschied zur Festigungstechnik am Beginn. Anschließend werden die Bänder gelöst und frisches heißes Wasser über das Werkstück gegossen. Das Bild wird nun fest von der anderen Seite her auf das Rollholz gerollt und 10 Minuten gewalkt. Anschließend die Bänder wieder lösen. Wenn das Bild die von Ihnen gewünschte Festigkeit erreicht hat, wird das Netz entfernt. Schließlich wird das Bild so zum Trocknen aufgelegt, daß das Wasser ablaufen kann.

HOHLKÖRPERFILZEN

Mit der Technik des Hohlkörperfilzens können Dinge gefilzt werden, die einen Hohlraum haben, der später ausgefüllt werden muß. Dazu gehören Spielzeuge, die mit Wolle ausgestopft werden, aber auch Kleidungsstücke, die später mit dem eigenen Körper „ausgefüllt" werden.

Um Werkstücke, wie z. B. Jacken, Pantoffeln und Taschen, ohne Naht herstellen zu können, brauchen Sie eine Schablone, die zwei Wollvlieslagen voneinander trennt. Das ist notwendig, um einen Hohlraum entstehen zu lassen, der später ein Anziehen von Jacken und Pantoffeln oder ein Öffnen von Taschen ermöglicht.

Als Material für die Schablone sollte ein dünner, biegsamer und wasserabweisender Bodenbelag verwendet werden. Darauf wird der Schnitt des von Ihnen gewünschten Werkstückes gelegt, mit einem weichen Bleistift abgezeichnet und ausgeschnitten.

> Zu beachten ist, daß die Wolle beim Filzprozeß einläuft. Daher die Schablone 3–5 cm, je nach Art der beim Probestück verwendeten Wolle, größer anfertigen. Bitte beachten Sie, daß für die folgenden Werkstücke die Schablonengröße angegeben ist, nicht die Endgröße des fertigen Werkstückes.

Schablonen verwendet man für Pantoffeln, Handschuhe, Hüte, Jacken, Taschen und Spielzeugtiere aus Filz. Grundsätzlich kann man jede Schablone umfilzen, gleichgültig, welche Form sie hat.

Die **Hohlkörpertechnik** erlernen Sie am einfachsten, indem Sie mit der Herstellung einer Tasche beginnen.

Filzen einer Tasche, 30 x 30 cm

> Arbeitsanleitung siehe Grafiken auf S. 75 ff. (Hut).

Sie benötigen:

- *200 g Wolle, handwarmes Wasser, Seife, Schere;*
- *ein kleines Gefäß (Becher, Gießkännchen);*
- *eine Schablone in der gewünschten Form (Rechteck, Quadrat, Kreis), 36 x 36 cm mit 4 cm Randzugabe;*
- *eine wasserabweisende Arbeitsunterlage (Tisch oder Backblech).*

Zuerst werden 4 Vliesstücke à 50 g im Format 40 x 40 cm zurecht geschnitten. Der Rand von 4 cm ermöglicht später die Verbindung der beiden Lagen.

> Beachten Sie bei der Hohlkörpertechnik, daß nun jede Lage aus 2 Vliesstücken besteht, die senkrecht/waagrecht aufeinandergelegt werden und somit eine Doppellage bilden. Dies hat den Vorteil, daß die Schablone nur einmal umgedreht werden muß und ein Auseinanderfallen der Filzlagen verhindert wird.

Zu Beginn wird diese erste Doppellage auf der Arbeitsunterlage plaziert. Dann wird Wasser in die Mitte gegossen und das Vlies mit gut eingeseiften Händen so lange ineinandergedrückt, bis cremiger Seifenschaum entsteht. Der Rand von 4 cm muß trocken bleiben. Nach 10 Minuten Bearbeitung wird die Schablone aufgelegt. Der trockene Vliesrand wird nun auf jeder Seite über die Schablone geschlagen und festgedrückt. Danach wird die zweite Doppellage über die Schablone gelegt und von der Mitte ausgehend mit Seifenlauge durchnäßt. Wieder vorsichtig mit eingeseiften Händen arbeiten und den Rand von 4 cm trocken lassen. Nach weiteren 10 Minuten wird das Werkstück gewendet. Der trockene Rand wird bereits während des Einbiegens festgedrückt, so daß die Schablone letztendlich zwischen den beiden Lagen eingeschlossen ist. Nun wird mit gut eingeseiften Händen am Rand des Werkstückes behutsam von außen nach innen entlanggestrichen, um die Verbindung zu festigen.

Nach 15 Minuten drückt man die erkaltete Seifenlauge aus und wendet das Werkstück. Dann wird auch diese Seite 15 Minuten bearbeitet. In der Folge das Werkstück öfter wenden und auf jeder Seite gleichmäßig bearbeiten. Wenn sich die Oberfläche verdichtet hat, können Sie schon mehr Druck ausüben.

Nach ca. 1 Stunde (je nach Filzfähigkeit der verwendeten Wolle) kann die Schablone entfernt werden. Dazu wird der Filz vorsichtig an einer Kante so eingeschnitten, daß an beiden Ecken der Kante noch ein ca. 7 cm langes Stück geschlossen bleibt. Durch diese Öffnung wird die Schablone herausgenommen. Nun wird die Tasche von innen nach außen gestülpt. Mit eingeseiften Händen wird die Tasche auf beiden Seiten gleichmäßig weiterbearbeitet, bis der Filz fest geworden ist. Sollten Sie den Filz sehr fest benötigen (bei der Tasche empfehlenswert), können Sie den bereits früher beschriebenen Walkvorgang mit Rollholz und Handtuch durchführen. Dazu wird ein Handtuch auf der Arbeitsfläche ausgebreitet und das Werkstück daraufgelegt. Dann wird beides auf ein Rollholz gerollt. Mit rhythmischen Bewegungen wird das Ganze hin und her gerollt. Anschließend öffnet man die Rolle, dreht das Werkstück im Uhrzeigersinn und rollt es wieder auf das Rollholz. Die Rolle wird wieder rhythmisch hin und her bewegt. Diese Technik kann so lange fortgeführt werden, bis die Tasche gut verfilzt ist. Am Schluß wird sie zentrifugiert und getrocknet. Sie kann mit Futterstoff, Knöpfen, Riemen und viel Phantasie fertiggestellt werden.

Ärmellose Jacke, Größe 42

Sie benötigen:

- *Wasser, Seife;*
- *Papier, Bleistift, Schere, Gießkanne, Waage;*
- *einen weichen Bodenbelag für die Schablone;*
- *eine wasserabweisende Arbeitsunterlage;*
- *600–800 g Wolle, je nach gewünschter Dicke der Jacke;*
- *ein feinmaschiges Nylonnetz;*
- *ein Rollholz.*

ÄRMELLOSE JACKE

Erstellen einer Schablone in gewünschter Größe.

Vorbereiten und **ZUSCHNEIDEN** von zwei Wollvlieslagen. So groß, daß die Schablone wie abgebildet Platz findet.

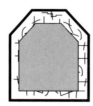

Netzgewebe ausbreiten, **ERSTE LAGE** auflegen.

Vlies mit Wasser und Seife **BEFEUCHTEN** (ca. 5 cm Rand trocken stehen lassen!).

Mit färbiger Wolle ein Muster gestalten. Mit Wasser und Seife ineinanderdrücken und so **VORFILZEN**. Schultern mit etwas zusätzlicher Wolle **VERSTÄRKEN**.

ÄRMELLOSE JACKE

Die Schablone über das Vlies legen und direkt auf der Schablone das gewünschte Muster gestalten.

2. LAGE auf die Schablone legen. Mit Wollvlies die Schultern **VERSTÄRKEN**. Die zweite Lage mit Wasser und Seife behutsam und gleichmäßig auf die Schablone formen.

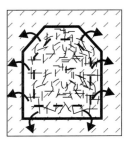

Den überstehenden Wollrand um die Schablone nach hinten biegen und die Schablone so rundum mit dem Vlies einschließen.

Das Werkstück mit dem Netzgewebe „einpacken".

ÄRMELLOSE JACKE

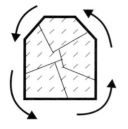

FILZEN
durch sanftes Streichen.
Von außen nach innen
arbeiten.
Werkstück öfters wenden.

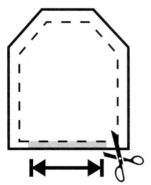

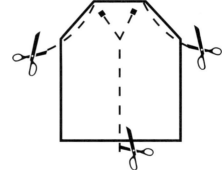

Die Weste im
markierten Bereich
aufschneiden.

ENTFERNEN
der Schablone
und mit der
ENDBEARBEITUNG
beginnen.

Die Weste an den Ärmeln
und der Vorderseite
aufschneiden.
Diese Bereiche mit einer
Borte einfassen.

FILZTECHNIKEN

Wie groß Ihre Jacke am Ende des Filzprozesses ist, kann nicht genau vorhergesagt werden, da jede Wolle eine unterschiedliche Filzfähigkeit aufweist. Deshalb ist es auch so wichtig, einen Probefleck aus der von Ihnen gewählten Wolle herzustellen, bevor Sie mit dem Filzen Ihrer Jacke beginnen.

Damit die Jacke während der Arbeit in Form bleibt, benützt man das Netz als zusätzliches Hilfsmittel. Dieses muß so groß sein, daß das gesamte Werkstück darin eingehüllt werden kann (mindestens doppelte Schnittgröße).

Zu Beginn stellt man einen Jackengrundschnitt her, und fertigt die Schablone an. Je nach gewünschter Dicke der Jacke nimmt man 600–800 g Wolle, die man in 4 Vliesstücke aufteilt. Jede Lage besteht aus 2 Vliesstücken, die senkrecht/waagrecht aufeinandergelegt werden.

Zuerst wird das Netz ausgebreitet, die erste Lage daraufgelegt und vorgefilzt. Wenn Sie die Jacke bunt gestalten wollen, muß nun hauchdünnes, farbiges Wollvlies zu einem Muster angeordnet werden. Das Muster wird ca. 15 Minuten mit Seifenlauge in das Vlies gedrückt, wobei ein Rand von 5 cm trocken stehengelassen wird (Technik wie bei der Tasche). Danach legt man die Schablone auf, schlägt den trockenen Rand an allen Seiten ein und drückt ihn fest. Das Vliesstück unter der Schablone bildet den Rücken der Jacke.

Wenn Sie auf der Vorderseite der Jacke ein Muster wünschen, wird dieses jetzt auf der Schablone gestaltet. Danach wird die zweite Vlieslage über die Schablone gelegt. Auch diese Seite wird 15 Minuten lang vorsichtig und gleichmäßig mit beiden Händen gedrückt. Der trockene Rand wird nun gleich an allen Seiten über der Schablone eingebogen und gleichzeitig an der Rückseite des Werkstückes festgedrückt. Am Rand äußerst vorsichtig von außen nach innen mit eingeseiften Händen entlangstreichen. So wird die feste Verbindung der beiden Jackenteile erzielt. Jetzt wird das Netz über dem gesamten Werkstück zusammengeklappt. Wasser darauf gießen und mit eingeseiften Händen von außen nach innen über das Netz streichen, bis sich cremiger Seifenschaum an der Oberfläche bildet.

> Es ist wichtig, daß zuerst besonders die Konturen festgedrückt werden, damit sich die beiden Vliesstücke gut ineinander verfilzen können.

Zwischendurch wird die erkaltete Lauge öfter ausgedrückt und erneuert. Nach ca. 30 Minuten wird das Werkstück gewendet und die andere Seite wie zuvor ca. 30 Minuten lang bearbeitet. Nun kann man das Netz bereits entfernen. Danach wird das Werkstück so lange weiterbearbeitet und wiederholt gewendet, bis der Stoff fest geworden ist.

Schließlich wird die untere Kante der Jacke so aufgeschnitten, daß an beiden

Ärmellose Jacke

Wendemantel

„Kosmonautenweste", entworfen von der Kunstgewerbeschule Ortweinplatz, Graz

Ecken 10 cm Stoff geschlossen bleibt. Die Schablone wird herausgeholt. Anschließend mit eingeseiften Händen in den Hohlraum tasten und die Ränder sorgfältig verfilzen. Dann wird die Jacke von innen nach außen gedreht und beide Seiten gleichmäßig unter Anwendung der Filztechnik weiterbehandelt. Je länger gefilzt wird, umso dichter wird der Stoff. Am Schluß wird die Jacke noch ins Netz eingehüllt, mit warmem Wasser begossen und dann um das Rollholz gewickelt. Die Seifenlauge wird aus dem Werkstück gedrückt, indem man das Holz fest vor- und zurückrollt. Danach wird die Jacke gewendet und auch diese Seite in gleicher Weise behandelt. Wenn das gesamte Wasser herausgerollt wurde, kann die Jacke gebügelt werden. Dadurch entsteht eine schöne, glatte Oberfläche. Sobald die Jacke völlig trocken ist, können Sie sie an der Vorderseite und an den Ärmellöchern aufschneiden und auch den unteren Rand fertig öffnen. Zum Schluß wird der Halsausschnitt gestaltet, indem man ein „Y" ausschneidet (wie in der Graphik angegeben).

Es ist empfehlenswert, die Ränder mit einer Zierborte einzufassen. Weiters können Sie Applikationen, Knöpfe, etc. anbringen, um der Jacke eine individuelle Note zu verleihen.

Mantel mit Ärmeln, Größe 42

Sie benötigen:

- *Wasser, Seife;*
- *Papier, Bleistift, Schere, Gießkanne, Waage;*
- *einen weichen Bodenbelag für die Schablone;*
- *eine wasserabweisende Arbeitsunterlage;*
- *900 g Wollvlies;*
- *ein feinmaschiges Nylonnetz, das doppelt sein soll, wie die Schablone;*
- *ein Rollholz.*

Zu Beginn stellt man einen Mantelgrundschnitt her und fertigt die Schablone an. Man nimmt 800 g Wollvlies, die man in 4 Vliesstücke aufteilt. Jede Lage besteht aus 2 Vliesstücken, die senkrecht/waagrecht aufeinandergelegt werden. Die übrigen 100 g Wollvlies verwendet man zum Verstärken der Schultern und des Randes.

Zuerst wird das Netz ausgebreitet, die erste Lage daraufgelegt und vorgefilzt. Wenn Sie den Mantel bunt gestalten wollen, muß nun hauchdünnes, farbiges Wollvlies zu einem Muster angeordnet werden. Das Muster wird ca. 15 Minuten mit Seifenlauge in das Vlies gedrückt, wobei ein Rand von 5 cm trocken stehen-

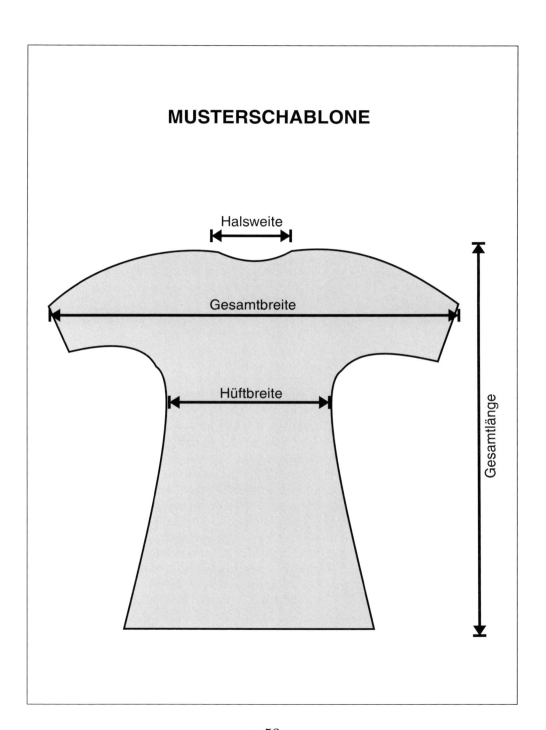

FILZTECHNIKEN

gelassen wird (Technik wie bei der Tasche). Danach legt man die Schablone auf, schlägt den trockenen Rand an allen Seiten ein und drückt ihn fest. Das Vliesstück unter der Schablone bildet den Rücken des Mantels.

Wenn Sie auf der Vorderseite des Mantels ein Muster wünschen, wird dieses jetzt auf der Schablone gestaltet. Danach wird die zweite Vlieslage über die Schablone gelegt. Auch diese Seite wird 15 Minuten lang vorsichtig und gleichmäßig mit beiden Händen gedrückt. Der trockene Rand wird nun gleich an allen Seiten über der Schablone eingebogen und gleichzeitig an der Rückseite des Werkstückes festgedrückt. Am Rand äußerst vorsichtig von außen nach innen mit eingeseiften Händen entlangstreichen. So wird die feste Verbindung der beiden Mantelteile erzielt. Nun die Schultern und die Ränder mit 100 g Wollvlies belegen und zur Verstärkung festfilzen. Jetzt wird das Netz über dem gesamten Werkstück zusammengeklappt. Wasser darauf gießen und mit eingeseiften Händen von außen nach innen über das Netz streichen, bis sich cremiger Seifenschaum an der Oberfläche bildet.

Es ist wichtig, daß zuerst besonders die Konturen festgedrückt werden, damit sich die beiden Vliesstücke gut ineinander verfilzen können.

Zwischendurch wird die erkaltete Lauge öfter ausgedrückt und erneuert. Nach ca. 30 Minuten wird das Werkstück gewendet und die andere Seite wie zuvor ca. 30 Minuten lang bearbeitet. Nun kann man das Netz bereits entfernen. Danach wird das Werkstück so lange weiterbearbeitet und wiederholt gewendet, bis der Stoff fest geworden ist.

Schließlich wird die untere Kante des Mantels so aufgeschnitten, daß an beiden Ecken 10 cm Stoff geschlossen bleibt. Die Schablone wird herausgeholt. Anschließend mit eingeseiften Händen in den Hohlraum tasten und die Ränder sorgfältig verfilzen. Dann wird der Mantel von innen nach außen gedreht, und beide Seiten gleichmäßig unter Anwendung der Filztechnik weiterbehandelt. Je länger gefilzt wird, umso dichter wird der Stoff. Am Schluß wird der Mantel noch ins Netz eingehüllt, mit warmem Wasser begossen und dann um das Rollholz gewickelt. Die Seifenlauge wird aus dem Werkstück gedrückt, indem man das Holz fest vor- und zurückrollt. Danach wird der Mantel gewendet und auch diese Seite in gleicher Weise behandelt. Wenn das gesamte Wasser herausgerollt wurde, kann der Mantel gebügelt werden. Dadurch entsteht eine schöne, glatte Oberfläche. Sobald der Mantel völlig trocken ist, können Sie ihn an der Vorderseite und an den Ärmeln aufschneiden und auch den unteren Rand fertig öffnen. Zum Schluß wird der Halsausschnitt gestaltet.

Nun kann man den Mantel mit Applikationen, Verschlüssen und einer Zierborte verschönern. Das Anbringen einer Zierborte ist empfehlenswert, damit die Ränder schön bleiben.

Kinderweste, 5–6 Jahre

Sie benötigen:

- *Wasser, Seife;*
- *Papier, Bleistift, Schere, Gießkanne, Waage;*
- *einen weichen Bodenbelag für die Schablone;*
- *eine wasserabweisende Arbeitsunterlage;*
- *220 g Wolle, je nach gewünschter Dicke der Kinderweste;*
- *ein feinmaschiges Nylonnetz;*
- *ein Rollholz.*

Damit die Weste während der Arbeit in Form bleibt, benützt man das Netz als zusätzliches Hilfsmittel. Dieses muß so groß sein, daß das gesamte Werkstück darin eingehüllt werden kann (mindestens doppelte Schnittgröße).

Zu Beginn stellt man einen Westengrundschnitt her, und fertigt die Schablone an. Je nach gewünschter Dicke der Weste nimmt man 220 g Wolle, die man in 4 Vliesstücke aufteilt. Jede Lage besteht aus 2 Vliesstücken, die senkrecht/waagrecht aufeinandergelegt werden.

Zuerst wird das Netz ausgebreitet, die erste Lage daraufgelegt und vorgefilzt. Wenn Sie die Kinderweste bunt gestalten wollen, muß nun hauchdünnes, farbiges Wollvlies zu einem Muster angeordnet werden. Das Muster wird ca. 15 Minuten mit Seifenlauge in das Vlies gedrückt, wobei ein Rand von 5 cm trocken stehengelassen wird (Technik wie bei der Tasche). Danach legt man die Schablone auf, schlägt den trockenen Rand an allen Seiten ein und drückt ihn fest. Das Vliesstück unter der Schablone bildet den Rücken der Weste.

Wenn Sie auf der Vorderseite der Kinderweste ein Muster wünschen, wird dieses jetzt auf der Schablone gestaltet. Danach wird die zweite Vlieslage über die Schablone gelegt. Auch diese Seite wird 15 Minuten lang vorsichtig und gleichmäßig mit beiden Händen gedrückt. Der trockene Rand wird nun gleich an allen Seiten über der Schablone eingebogen und gleichzeitig an der Rückseite des Werkstückes festgedrückt. Am Rand äußerst vorsichtig von außen nach innen mit eingeseiften Händen entlangstreichen. So wird die feste Verbindung der beiden Westenteile erzielt. Jetzt wird das Netz über dem gesamten Werkstück zusammengeklappt. Wasser darauf gießen und mit eingeseiften Händen von außen nach innen über das Netz streichen, bis sich cremiger Seifenschaum an der Oberfläche bildet.

Es ist wichtig, daß zuerst besonders die Konturen festgedrückt werden, damit sich die beiden Vliesstücke gut ineinander verfilzen können.

Zwischendurch wird die erkaltete Lauge öfter ausgedrückt und erneuert. Nach ca. 30 Minuten wird das Werkstück gewendet und die andere Seite wie zuvor ca. 30 Minuten lang bearbeitet. Nun kann man das Netz bereits entfernen. Danach wird das Werkstück so lange weiterbearbeitet und wiederholt gewendet, bis der Stoff fest geworden ist.

Schließlich wird die untere Kante der Kinderweste so aufgeschnitten, daß an beiden Ecken 10 cm Stoff geschlossen bleibt. Die Schablone wird herausgeholt. Anschließend mit eingeseiften Händen in den Hohlraum tasten und die Ränder sorgfältig verfilzen. Dann wird die Weste von innen nach außen gedreht, und beide Seiten gleichmäßig unter Anwendung der Filztechnik weiterbehandelt. Je länger gefilzt wird, umso dichter wird der Stoff. Am Schluß wird die Weste noch ins Netz eingehüllt, mit warmem Wasser begossen und dann um das Rollholz gewickelt. Die Seifenlauge wird aus dem Werkstück gedrückt, indem man das Holz fest vor- und zurückrollt. Danach wird die Weste gewendet und auch diese Seite in gleicher Weise behandelt. Wenn das gesamte Wasser herausgerollt wurde, kann die Weste gebügelt werden. Dadurch entsteht eine schöne, glatte Oberfläche. Sobald die Weste völlig trocken ist, können Sie sie an der Vorderseite und an den Ärmellöchern aufschneiden und auch den unteren Rand fertig öffnen. Zum Schluß wird der Halsausschnitt gestaltet, indem man ein „Y" schneidet (siehe Graphik S. 49).

Es ist empfehlenswert, die Ränder mit einer Zierborte einzufassen. Weiters können Sie Applikationen und Knöpfe anbringen, um die Kinderweste lustig zu gestalten.

Filzpantoffeln, Größe 38

Sie benötigen:

- *80 g Wollvlies;*
- *Wasser, Seife;*
- *Papier, Bleistift, Schere, kleines Gefäß, Waage;*
- *einen weichen Bodenbelag für die Schablone;*
- *eine wasserabweisende Arbeitsfläche (Backblech).*

Der Schnitt für die Pantoffeln, die als Paar gleichzeitig gefilzt werden, wird auf ein Papier gezeichnet. Um die richtige Schuhgröße zu erhalten, stellen Sie Ihre Füße auf ein Blatt Papier und zeichnen deren Konturen nach. Nach diesem Schnitt werden zwei Schablonen, eine für den linken und eine für den rechten Pantoffel, angefertigt. Danach werden 80 g Wollvlies abgewogen und in zwei

FILZPANTOFFELN

Erstellen von zwei Schablonen in gewünschter Größe.

Vorbereiten und **ZUSCHNEIDEN** von zwei Wollvlieslagen. So groß, daß beide Schablonen wie abgebildet Platz finden.

ERSTE LAGE auflegen.

Vlies mit Wasser und Seife **BEFEUCHTEN.**

FILZPANTOFFELN

VORFILZEN
und Schablonen wie dargestellt auflegen.

Das Vlies wie abgebildet **EINSCHNEIDEN**.

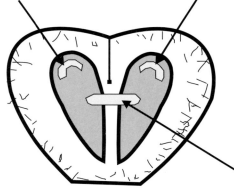

VERSTÄRKEN
Die beim Zuschneiden abfallende Wolle als Verstärkung auf die Zehenrundung und den Rist legen.

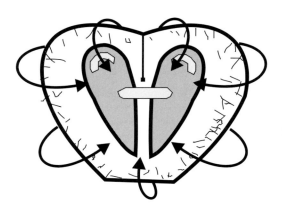

Den trockenen Rand über die Schablone nach vorne biegen.

FILZPANTOFFELN

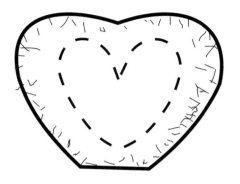

ZWEITE LAGE darüberlegen.

Daraufdrücken, bis Seifenschaum entsteht.

Werkstück **WENDEN**.

Das Vlies wie abgebildet **EINSCHNEIDEN**.

FILZPANTOFFELN

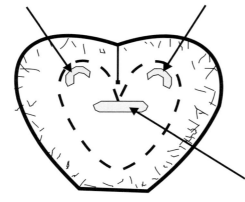

VERSTÄRKEN
Die beim Zuschneiden abfallende Wolle als Verstärkung auf die Zehenrundung und den Rist legen.

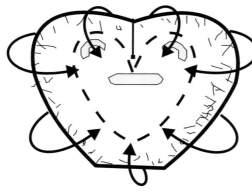

Den trockenen Rand über die Schablone nach vorne biegen.

FILZEN
durch sanftes Streichen. Von außen nach innen arbeiten.
Werkstück öfters wenden.

FILZPANTOFFELN

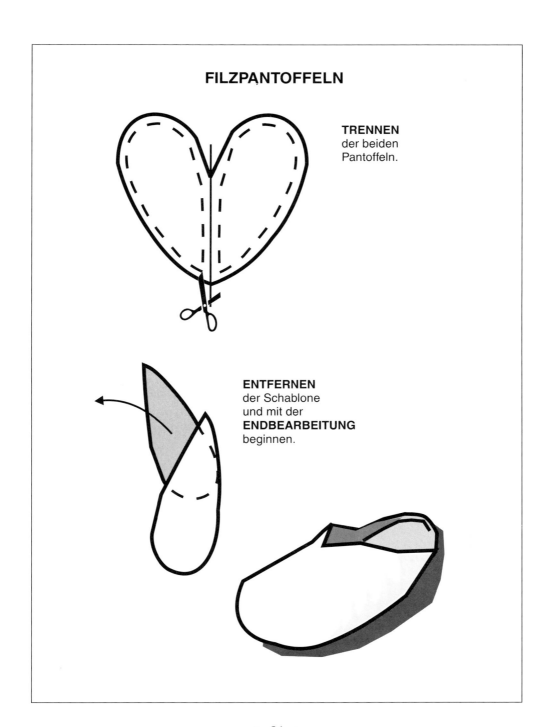

TRENNEN der beiden Pantoffeln.

ENTFERNEN der Schablone und mit der **ENDBEARBEITUNG** beginnen.

gleich schwere Lagen geteilt. Jede dieser Lagen besteht aus 2 Vliesstücken, die senkrecht/waagrecht aufeinander gelegt werden. Die Schablonen werden nun herzförmig auf dem Vlies angeordnet, so daß laut Zeichnung 2 cm Zwischenraum vom Mittelfuß bis zur Ferse bleiben. Das Wollvlies wird herzförmig zurechtgeschnitten. Dann wird dieses Herz durch einen Einschnitt bis zum Mittelfuß in zwei Hälften getrennt. Nun wird die zweite Lage in gleicher Weise herzförmig zurecht geschnitten.

Danach können Sie die Schablone beiseite legen und die erste Lage vorfilzen. Dazu wird das Vlies mit Seifenwasser angefeuchtet und sanft ineinandergedrückt. Die beiden Schablonen werden so daraufgelegt, daß 2 cm Zwischenraum von der Ferse bis zum Mittelfuß bleiben, weil an dieser Stelle später das Paar getrennt wird. Nun wird das Vlies über beiden Schablonen gleichzeitig eingeschlagen, so daß diese gänzlich eingehüllt sind. Das Wollvlies muß dabei gleichmäßig festgedrückt werden. Um eine Verstärkung des Ristes und die Verbindung beider Pantoffeln zu erzielen, muß ein zusätzliches Stück Wollvlies (ungewogen) von 8 cm Länge waagrecht in Mittelfußhöhe über beide Schablonen gelegt werden.

Jetzt wird die zweite Lage aufgelegt und mit eingeseiften Händen und warmem Wasser einige Minuten gut über den Schablonen mittels Klopfmassage festgedrückt, ohne das überstehende Vlies zu durchnässen. Dann wird das ganze Werkstück gewendet und ein weiteres Stück ungewogenes Wollvlies von 8 cm Länge zur Verstärkung wieder in Mittelfußhöhe über beide Schablonen gelegt. Der trockengebliebene Rand wird mit Wasser und Seife auf die Schablonen geformt, so daß das Werkstück nun gänzlich vom Wollvlies umhüllt ist. Die Konturen werden mit frischem warmem Wasser und eingeseiften Händen von außen nach innen geformt, indem man wiederholt an ihnen entlang fährt, bis die Konturen gut herausgearbeitet sind. Mit leichter Klopfmassage wird behutsam über das Werkstück gestrichen.

Das Werkstück nach etwa 15 Minuten wenden und die erkaltete Lauge herausdrücken. Diese Seite wird nun ebenfalls 15 Minuten lang bearbeitet. Wenn sich die Oberfläche gut verfilzt hat, können Sie mit den Händen bereits mehr Druck ausüben. Der Vorgang wird solange wiederholt, bis sich die gewünschte Festigkeit eingestellt hat.

Dann wird das Werkstück auf der Arbeitsfläche ausgespült, indem man es mit heißem Wasser übergießt und dieses wieder herausdrückt. Nun wird es mit einer Schere von der Ferse bis zum Mittelfuß durchgeschnitten. Sie haben nun zwei Pantoffeln vor sich. Anschließend werden die Schablonen aus beiden Pantoffeln entfernt.

Die Pantoffeln werden dann getrennt weiterbearbeitet. Dies erfolgt so: Eine Hand in den Pantoffel stecken und ihn mit der anderen Hand mittels Filztech-

Arbeitsvorbereitung

Schablone einschlagen

Wolle um Schablonen drücken

Zum Filzen bereites Werkstück

Entnehmen der Schablone

ARBEITSABLAUF DES PANTOFFELFILZENS

nik modellieren, bis er ganz fest ist. Die Ränder müssen gut verfilzt werden. Streichen Sie dazu mit Daumen und Zeigefinger 5–10 Minuten über die Ränder. Mit einem Rollholz werden die Pantoffeln dann von allen Seiten noch weiterbearbeitet, damit sich die größtmögliche Festigkeit einstellt.

Wenn man sich diesen Walkvorgang erleichtern will, kann man die Pantoffeln auch auf eine Luftpolsterfolie (Luftpolster werden zu Verpackungszwecken verwendet) legen. Der Walkvorgang mittels Rollholz kann nun auf dieser Folie durchgeführt werden.

Wenn Sie dickere Winterpantoffeln herstellen wollen, können Sie statt mit nur 2 Lagen mit 4 Lagen arbeiten. Der Vorgang bleibt unverändert.

Hausschuhe, Größe 38

Sie benötigen:

- *Wasser, Seife;*
- *Papier, Bleistift, Schere und ein kleines Gefäß;*
- *eine Waage;*
- *160 g Wollvlies;*
- *einen weichen Bodenbelag für die Schablone;*
- *eine wasserabweisende Arbeitsfläche (Backblech).*

Der Schnitt für die Hausschuhe wird angefertigt, indem man zuerst seine Füße auf ein Blatt Papier stellt und mit dem Bleistift die Konturen nachfährt. Nun einen Schnitt laut Zeichnung herstellen. Die Schafthöhe richtet sich nach der gewünschten Risthöhe des Hausschuhs. Nun werden zwei Schablonen angefertigt. Diese werden als Paar verwendet. 160 g Wollvlies werden abgewogen und in zwei gleich schwere Lagen geteilt. Jede dieser Lagen besteht aus 2 Vliesstücken, die senkrecht/waagrecht aufeinander gelegt werden. Die erste Lage auf die Arbeitsfläche legen und kurz vorfilzen. Die Schablonen werden so auf das Vlies gelegt, daß sie einander mit dem Schaft voraus U-förmig gegenüberliegen. Die beiden Schäfte müssen durch einen Zwischenraum von 2 cm voneinander getrennt sein, weil das Paar an dieser Stelle später getrennt wird. Das Wollvlies wird in der Mitte so eingeschnitten, daß ein Stück von 3 cm vor den Schäften bestehenbleibt. Dann wird die Wolle mit eingeseiften Händen gleichmäßig auf die Schablonen gedrückt und geformt. Nun wird die zweite Vlieslage daraufgelegt und festgedrückt. Das Werkstück wird gewendet, indem man es an beiden Schuhspitzen faßt und umdreht. Die zweite Vlieslage wird wie zuvor eingeschnitten, mit Wasser und Seife festgedrückt und geformt. Die überstehenden

HAUSSCHUHE

Erstellen von zwei Schablonen in gewünschter Größe.

Vorbereiten von zwei Wollvlieslagen. So groß, daß beide Schablonen wie abgebildet Platz finden.

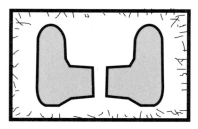

ERSTE LAGE auflegen.

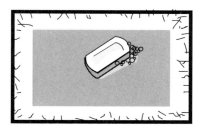

Vlies mit Wasser und Seife **BEFEUCHTEN.**

HAUSSCHUHE

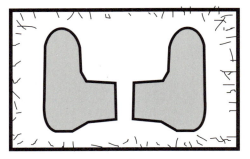

VORFILZEN
Schablonen wie dargestellt auflegen und sanft auf das feuchte Vlies drücken.

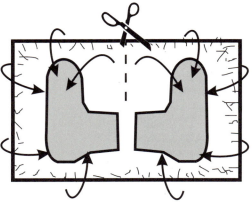

Das Vlies wie abgebildet **EINSCHNEIDEN**.

Den trockenen Rand über die Schablone nach vorne biegen.

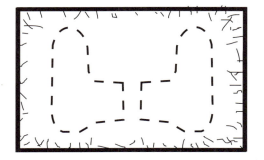

2. LAGE darüberlegen.

Daraufdrücken, bis Seifenschaum entsteht.

Werkstück **WENDEN**.

HAUSSCHUHE

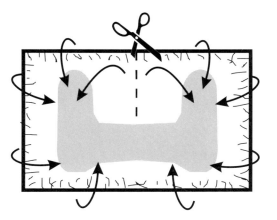

Das Vlies wieder wie abgebildet **EINSCHNEIDEN**.

Den trockenen Rand über die Schablone nach vorne biegen.

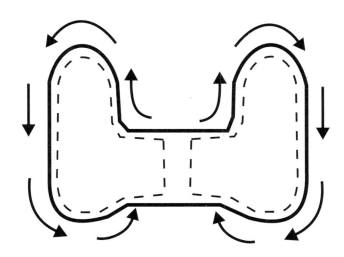

FILZEN
durch sanftes Streichen.
Von außen nach innen arbeiten.
Werkstück öfters wenden.

HAUSSCHUHE

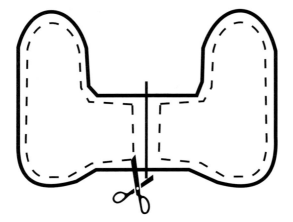

TRENNEN
der beiden Stiefel.

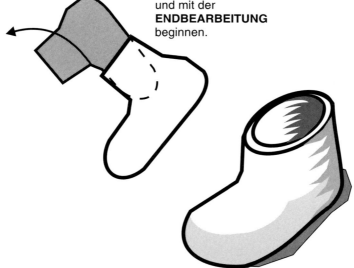

ENTFERNEN
der Schablone
und mit der
ENDBEARBEITUNG
beginnen.

Vliesränder mit eingeseiften Händen wieder gleichmäßig festdrücken, so daß die Schablonen nun gänzlich vom Vlies umhüllt sind.

Dann wird mit gut eingeseiften Händen behutsam den Konturen der U-Form entlanggefahren und das Werkstück sanft, mit kreisenden Handbewegungen, massiert. Nach ca. 15 Minuten wenden und auch die andere Seite 15 Minuten lang mit kreisenden Bewegungen behutsam massierend bearbeiten. Wenn sich die Oberfläche gut verfilzt hat, kann man während des Massierens den Druck auf das Werkstück verstärken. Dieser Prozeß soll solange wiederholt werden, bis die gewünschte Festigkeit erreicht ist. Danach wird das Paar getrennt, indem man das geschlossene Filzstück zwischen den beiden Schäften durchschneidet. Die Schablonen können nun vorsichtig aus den beiden Hausschuhen gezogen werden. Zuletzt wird jeder Hausschuh noch gesondert bearbeitet und geformt. Anschließend werden die Schuhe gespült, zentrifugiert und getrocknet. Zur Formgebung kann man die Hausschuhe beim Trocknen mit Papier ausstopfen.

> Hausschuhe und Pantoffeln können zusätzlich mit aufgenähten Applikationen und Einfassungen verschönert werden. Überdies ist es ratsam, die Sohlen mit aufgenähtem, rauhem Leder zu verstärken. Dies ist auch ein wirksamer Schutz gegen das Ausgleiten auf glatten Böden.

Gamaschen

Sie benötigen:

- *360 g Wollvlies;*
- *Wasser, Seife;*
- *Papier, Bleistift, Schere, kleines Gefäß und Waage;*
- *einen weichen Bodenbelag für eine Schablone;*
- *eine wasserabweisende Arbeitsunterlage.*

Jede Gamasche wird extra gefilzt. Zuerst wird eine Schablone laut Zeichnung hergestellt. Pro Gamasche benötigt man 180 g Wollvlies, das in 2 Lagen aufgeteilt wird. Jede dieser Lagen besteht aus 2 Vliesstücken, die senkrecht/waagrecht aufeinander gelegt werden. Die Lagen werden in die Form 55 x 45 cm zurechtgeschnitten.

Die trockenen Vlieslagen auf die Arbeitsfläche legen und die Schablone daraufauflegen. Das Vlies muß so über der Schablone zusammengeklappt werden, daß die beiden Enden in der Mitte der Schablone zusammentreffen. Nun wird mit der

GAMASCHE

Erstellen einer Schablone in gewünschter Größe.

Vorbereiten von zwei Wollvlieslagen. So groß, daß die Schablone wie abgebildet Platz findet.

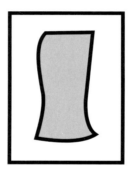

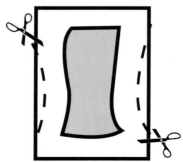

ERSTE LAGE auflegen und formgerecht **ZUSCHNEIDEN**.

GAMASCHE

Vlies mit Wasser und Seife
BEFEUCHTEN.

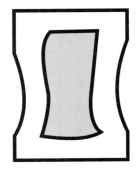

VORFILZEN
Schablonen wie dargestellt auflegen und sanft auf das feuchte Vlies drücken.

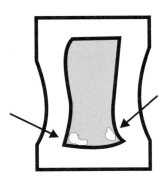

VERSTÄRKEN
Die beim Zuschneiden abgefallene Wolle als Verstärkung auf Rist und Ferse aufteilen.

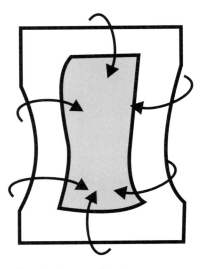

Den trockenen Rand über die Schablone nach vorne biegen.

GAMASCHE

2. LAGE auflegen und formgerecht **ZUSCHNEIDEN**.

Aufdrücken, bis Seifenschaum entsteht.

Werkstück **WENDEN**.

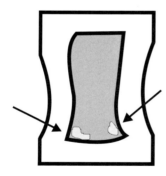

VERSTÄRKEN
Die beim Zuschneiden abgefallene Wolle als Verstärkung auf Rist und Ferse aufteilen.

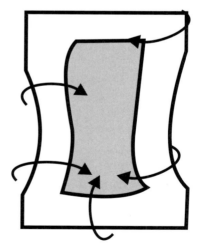

Den trockenen Rand über die Schablone nach vorne biegen.

GAMASCHE

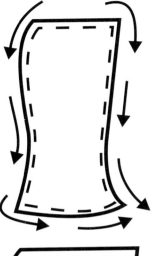

FILZEN
durch sanftes Streichen.
Von außen nach innen
arbeiten.
Werkstück öfters wenden.

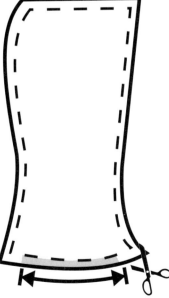

Die Gamasche nun
im grau markierten
Bereich aufschneiden
und die Schablone
herausziehen.

ENTFERNEN
der Schablone
und mit der
ENDBEARBEITUNG
beginnen.

FILZTECHNIKEN

Filztechnik begonnen. Mit gut eingeseiften Händen das Vlies 15 Minuten lang vorsichtig ineinanderdrücken. Anschließend das Werkstück wenden und weitere 15 Minuten wie vorher bearbeiten. Der Vorgang wird öfter wiederholt, bis sich die Oberfläche gut verfilzt hat. Die Schablone kann entfernt werden, indem man den Filz an der Sohle aufschneidet, wobei ein Rand von 5 cm an jeder Seite stehengelassen werden soll. Nach der Entfernung der Schablone wird das Werkstück von innen nach außen gestülpt und nun diese Seite gefilzt, bis sie fest geworden ist. Um der Gamasche Festigkeit zu verleihen, wird sie gewalkt. Dabei wird sie von außen nach innen gedreht, so daß sie auf jeder Seite gleichmäßig gewalkt werden kann. Dann wird die Sohle bis zur Kappe weiter aufgeschnitten. Jetzt kann die Gamasche auch an der Seite aufgeschnitten werden. Schließlich wird das Werkstück mit Verschlüssen Ihrer Wahl fertiggestellt (Ösen, Haken, Klettverschlüsse) und mit Borten verziert.

Nun kommen wir zur Herstellung der beliebten Filzhüte. Sie kann entweder mittels Schablone oder einer anderen, später beschriebenen Technik erfolgen.

Filzen eines Hutes mit Schablone

Sie benötigen:

- *160 g Wollvlies, für einen Hut in durchschnittlicher Größe, hier 32 cm hoch und 38 cm breit;*
- *Wasser, Seife;*
- *Papier, Bleistift, Schere, kleines Gefäß und Waage;*
- *einen weichen Bodenbelag für die Schablone;*
- *eine wasserabweisende Arbeitsunterlage;*
- *einen Model in Form eines Blumentopfes, Eimers oder einer Vase.*

Zuerst wird eine Schablone in Hutform angefertigt, wie in der Graphik angegeben. Dann werden zwei Lagen à 60 g Schafwollvlies zurechtgelegt. Jede dieser Lagen besteht aus 2 Vliesstücken à 30 g, die senkrecht/waagrecht aufeinander gelegt werden. Beide Lage werden der Schablone in Hutform angepaßt. Das Wollvlies soll nicht mit der Schere zugeschnitten, sondern mit den Händen an den Rändern ausgefranst werden. Auf diese Weise wird die Bildung von Wülsten verhindert. Ein Vliesrand von 4 cm muß über die Schablone hinausragen. Um den Hut bunt zu gestalten, können Sie auch gleich farbiges Wollvlies verwenden.

HUT

Erstellen einer Schablone in gewünschter Größe.

Vorbereiten von zwei Wollvlieslagen. So groß, daß die Schablone wie abgebildet Platz findet.

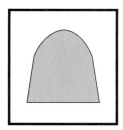

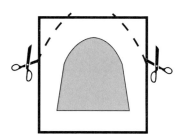 

ERSTE LAGE auflegen und formgerecht **ZUSCHNEIDEN**.

Vlies mit Wasser und Seife **BEFEUCHTEN** (ca. 4 cm Rand trocken stehen lassen!).

HUT

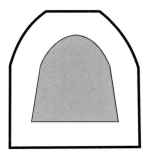 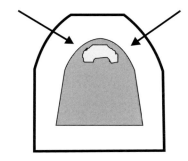

VORFILZEN
Schablone wie dargestellt auflegen und sanft auf das feuchte Vlies drücken.

VERSTÄRKEN
Die beim Zuschneiden abgefallene Wolle als Verstärkung auf die Rundung legen.

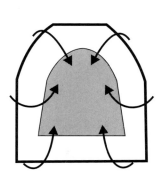 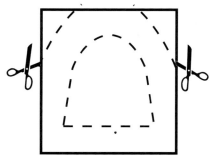

Den trockenen Rand über die Schablone nach vorne biegen.

2. LAGE auflegen und formgerecht **ZUSCHNEIDEN**.

Daraufdrücken, bis Seifenschaum entsteht.

Werkstück **WENDEN**.

HUT

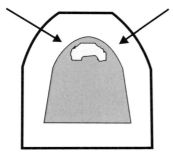 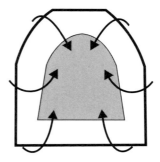

VERSTÄRKEN
Die beim Zuschneiden abgefallene Wolle als Verstärkung auf die Rundung legen.

Den trockenen Rand über die Schablone nach vorne biegen.

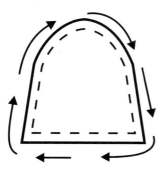 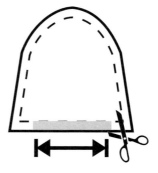

FILZEN
durch sanftes Streichen. Von außen nach innen arbeiten.
Werkstück öfters wenden.

Den Hut im markierten Bereich aufschneiden.

ENTFERNEN
der Schablone und mit der **ENDBEARBEITUNG** beginnen.

Die erste Vlieslage wird auf die Arbeitsfläche gelegt. Zur Verstärkung der Hutspitze müssen ca. 20 g zusätzliches Wollvlies in senkrechter Faserrichtung auf dem oberen Teil dieser Vlieslage verteilt werden. Dann wird warmes Wasser daraufgegossen und das Vlies mit gut eingeseiften Händen so lange behutsam gedrückt, bis cremiger Seifenschaum entsteht. Der Rand von 4 cm muß trocken stehengelassen werden. Anschließend wird die Schablone auf das Werkstück gelegt und der trockene Vliesrand an allen Seiten darübergeschlagen. Der Rand muß gut festgedrückt werden. Nun wird die zweite vorbereitete Vlieslage über die Schablone gelegt und die Hutspitze wie zuvor mit 20 g Wollvlies verstärkt. Das Vlies wird mit warmem Wasser und eingeseiften Händen ineinander gedrückt, bis sich cremiger Seifenschaum gebildet hat. Der Rand von 4 cm wird dabei trocken stehen gelassen.

Nach ca. 15 Minuten wird das Werkstück gewendet und der Rand über der Schablone und der ersten Lage eingebogen. Die Schablone ist nun gänzlich von Wollvlies umhüllt. Den Rand mit gut eingeseiften Händen festigen, indem man den Konturen der Schablone wiederholt nachfährt. Das Werkstück wird wiederholt gewendet und auf jeder Seite gleichmäßig bearbeitet. Dabei kann man schon mehr Druck ausüben. Wenn der Hut gut verfilzt ist, wird die Schablone entfernt. Dazu wird das Werkstück am unteren Rand aufgeschnitten. Auf beiden Seiten muß ein Stück von ca. 5 cm stehengelassen werden, um ein eventuelles Aufreißen des Filzes zu verhindern.

> Zur Formgebung kann man den Hut nun mit den Händen weiterbearbeiten. Eine schwungvolle Krempe entsteht, wenn man den Rest der Unterseite aufschneidet und den Hut über einen Model (Blumentopf, Eimer, Vase) stülpt. Der untere Filzrand muß dabei auf der Arbeitsfläche aufliegen und kann auch auf dieser bearbeitet werden.

Falls die gewünschte Form nicht gleich erreicht wird, können Sie den Hut über Dampf weiterformen. Dazu legt man ihn in ein Sieb und hängt dieses in einen Topf, dessen Boden mit Wasser bedeckt ist. Das Wasser darf den Hut jedoch nicht berühren. Dann wird das Wasser bei geschlossenem Deckel zum Kochen gebracht und Dampf erzeugt. Nach kurzer Zeit kann man den Hut herausnehmen und mit den Händen in die endgültige Form drücken. Unter Verwendung von Bändern, Schleifen, Federn und ähnlichem können Sie Ihrem Werk eine bunte Note verleihen.

Die Grundform dieses Hutes – ohne Krempe – kann man auch als Tasche, als Beutel oder als Wärmehaube für Suppentöpfe, Tee- oder Kaffeekannen verwenden.

Filzen einer Pullmankappe

Sie benötigen:

- *60 g Wollvlies;*
- *Wasser, Seife;*
- *Papier, Bleistift, Schere, ein kleines Gefäß und eine Waage;*
- *einen weichen Bodenbelag für die Schablone;*
- *eine wasserabweisende Arbeitsunterlage.*

Die Schablone wird in Kreisform hergestellt. Als Maß für die Schablone dient Ihr Kopfumfang, wobei der Durchmesser der hergestellten Schablone in etwa der Hälfte des Kopfumfanges entsprechen sollte. Zuerst werden zwei Vlieslagen zurechtgelegt. Jede dieser Lagen besteht aus 2 Vliesstücken, die senkrecht/waagrecht aufeinander gelegt werden. Die erste Vlieslage wird auf die Arbeitsfläche gelegt und mit Seife vorgefilzt, wobei wieder ein Rand von 4 cm stehengelassen werden muß. Dann wird die Schablone daraufgelegt, der trockene Rand über die Schablone gebogen und mit Wasser und Seife festgedrückt. Soll die Kappe bunt werden, legt man nun ein farbiges Muster auf die Schablone. Dann wird die zweite Vlieslage auf die Schablone gelegt und festgedrückt, bis Seifenschaum entsteht. Nun wird das Werkstück gewendet und der trocken gebliebene Rand über die Schablone gebogen, so daß die Schablone nun gänzlich von Wollvlies umhüllt ist. Nun wird die Kappe solange bearbeitet, bis sie gut verfilzt ist. Dazwischen das Werkstück umdrehen, so daß es auf jeder Seite gleichmäßig bearbeitet werden kann. Die Schablone holt man heraus, indem man einen kreuzweisen Schnitt auf der Unterseite der Kappe anbringt. Die entstandene Öffnung muß so groß sein, daß Sie die Kappe aufsetzen können. Die überflüssigen Filzstücke werden weggeschnitten und die Öffnung später mit einem Band verschönert.

PULLMANKAPPE

Erstellen einer Schablone in gewünschter Größe.

Vorbereiten von zwei Wollvlieslagen. So groß, daß die Schablone wie abgebildet Platz findet.

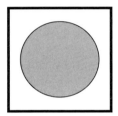

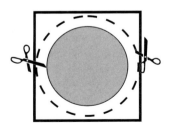 

ERSTE LAGE auflegen und formgerecht **ZUSCHNEIDEN**.

Vlies mit Wasser und Seife **BEFEUCHTEN** (ca. 4 cm Rand trocken stehen lassen!).

PULLMANKAPPE

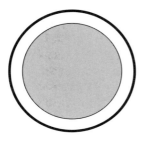

VORFILZEN
Schablonen wie dargestellt auflegen und sanft auf das feuchte Vlies drücken.

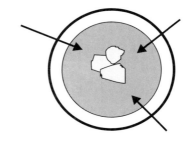

VERSTÄRKEN
Die beim Zuschneiden abgefallene Wolle als Verstärkung auf das Innere der Schablone aufteilen.

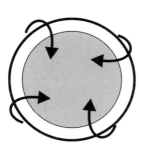

Den trockenen Rand über die Schablone nach vorne biegen.

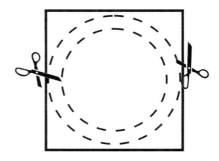

2. LAGE auflegen und formgerecht **ZUSCHNEIDEN**.

Daraufdrücken, bis Seifenschaum entsteht.

Werkstück **WENDEN**.

PULLMANKAPPE

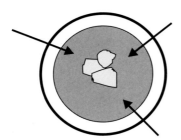

VERSTÄRKEN
Die beim Zuschneiden abgefallene Wolle als Verstärkung auf das Innere der Schablone aufteilen.

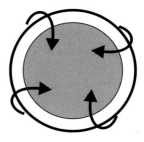

Den trockenen Rand über die Schablone nach vorne biegen.

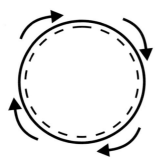

FILZEN
durch sanftes Streichen.
Von außen nach innen arbeiten.
Werkstück öfters wenden.

Die Pullmankappe im markierten Bereich aufschneiden.

ENTFERNEN
der Schablone und mit der
ENDBEARBEITUNG
beginnen.

FILZTECHNIKEN

Die **Schablonenfilztechnik** ist auch ideal, um **Stofftiere** und **Puppen** für Ihre Kinder selbst zu entwerfen und herzustellen.

Herstellen einer Puppe

Sie benötigen:

- *Wasser, Seife;*
- *Papier, Bleistift, Schere, ein kleines Gefäß;*
- *einen weichen Bodenbelag für die Schablone;*
- *eine wasserabweisende Arbeitsunterlage;*
- *einen Holzstab oder Kochlöffel;*
- *Wollvlies, nach Wunsch bunt.*

Zuerst wird ein Entwurf gezeichnet, und dieser auf die Schablone übertragen. Danach werden 2 gleich schwere Vlieslagen vorbereitet. Jede dieser Lagen besteht aus 2 Vliesstücken, die senkrecht/waagrecht aufeinander gelegt werden. Die Menge der verwendeten Wolle richtet sich nach der Größe der Puppe. Beide Lagen können schon den Konturen der Schablone nachgeschnitten werden. Zu beachten ist dabei, daß ein Rand von 3 cm an jeder Seite stehenbleiben soll. Zuerst wird die erste Lage auf die Arbeitsunterlage gelegt und vorgefilzt, dann die Schablone darauflegen und den trockenen Rand von 3 cm auf die Schablone formen. Danach wird die zweite Vlieslage auf die Schablone gelegt und mit Wasser und Seife auf die Schablone gedrückt, so daß ein trockener Rand von 3 cm stehen bleibt. Das Wollvlies wird festgedrückt. Dann wird das Werkstück gewendet und der trockene Rand über der Schablone eingeschlagen. Der Rand wird festgedrückt, so daß die Schablone nun ganz vom Wollvlies eingehüllt ist. In der Folge wird das Werkstück öfter gewendet und auf jeder Seite gleichmäßig mit eingeseiften Händen gut verfilzt. Zum Herausholen der Schablone wird die Puppe am Kopfende aufgeschnitten. Danach kann man die Konturen der Puppe mit den Fingern nachbearbeiten. Unzugängliche Stellen können auch mit einem runden Holzstab (Kochlöffel) in Form gebracht werden. Schließlich wird die Puppe mit Wasser gespült, zentrifugiert und getrocknet.

Unter Verwendung von Wollvliesresten wird die Puppe ausgestopft. Die Öffnung kann entweder zugefilzt oder zugenäht und mit Haaren aus pflanzengefärbter Wolle überdeckt werden. Nun kann die Puppe nach Wunsch weiter gestaltet werden.

> Es ist am besten, den Filz dort aufzuschneiden, wo sich die größte Fläche befindet, damit die Schablone leicht herausgenommen werden kann.

Filzen eines Fisches

Sie benötigen:

- *Wasser, Seife;*
- *Papier, Bleistift, Schere, ein kleines Gefäß;*
- *einen weichen Bodenbelag für die Schablone;*
- *eine wasserabweisende Arbeitsunterlage;*
- *einen Holzstab oder Kochlöffel;*
- *Wollvlies, nach Wunsch bunt.*

Die Schablone laut Zeichnung anfertigen. Danach wendet man neuerlich die Schablonenfilztechnik an. Zwei Lagen Wollvlies werden bereitgelegt. Jede dieser Lagen besteht aus 2 Vliesstücken, die senkrecht/waagrecht aufeinander gelegt werden. Danach wird die erste Lage vorgefilzt, wobei ein Rand von 3 cm trocken stehen gelassen werden soll. Dann wird die Schablone aufgelegt und der trockene Rand darübergefilzt. Nun wird die zweite Vlieslage über die Schablone gelegt, ein trockener Rand von 3 cm stehen gelassen und die Lage vorgefilzt. Danach wird das Werkstück gewendet, wobei der trockene Rand so über die Schablone gebogen wird, daß diese nun ganz vom Wollvlies umhüllt ist. Unter öfterem Wenden wird das Werkstück solange bearbeitet, bis es eine gute Festigkeit erreicht hat. Wenn der Fisch gut verfilzt ist, wird er vorne am Maul aufgeschnitten und die Schablone herausgezogen. Mit einem Holzstab werden die Ränder im Inneren des Fisches bearbeitet.

Danach wird das Tier ausgestopft. Um Echtheit zu erzielen, kann man farbige Wolle auf der Innenseite des Maules anbringen und diese einfilzen. Zuletzt appliziert man Augen und Schuppen aus kleinen Filzstücken. Ihrer Phantasie sind auch bei diesem Werkstück keine Grenzen gesetzt!

RUNDKÖRPERFILZEN

Mit dieser Technik können Sie Objekte filzen, die **kompakt** sein sollen, die Sie aber nicht mehr füllen müssen, da sie im ganzen gefilzt werden.

Herstellen von weichen Bällen

Sie benötigen:

- *warmes Wasser, Seife;*
- *übriggebliebene Vlies- und Filzreste.*

Dazu können Sie alle übriggebliebenen Vlies- und Filzreste verwenden, aus denen Sie mit nassen, gut eingeseiften Händen eine Kugel in beliebiger Größe formen, die das Innenleben des Balles bildet. Diese Kugel wird mit einer dünnen Schicht trockenen Vlieses umhüllt, die mit warmem Seifenwasser behutsam festgedrückt wird. Die Schicht wird in kreisenden, streichelnden Bewegungen mit den Händen an die Kugel geformt. Verwenden Sie dazu die bei der Knödelherstellung (Kloßherstellung) gebräuchlichen Handbewegungen. Diese Technik wird mit mehreren Vlieslagen wiederholt, bis die gewünschte Ballgröße erreicht ist. Zwischendurch muß man das erkaltete Seifenwasser aus der Kugel drücken. Die letzte Vliesschicht können Sie phantasievoll bunt gestalten. Diese Schicht muß besonders gut verfilzt werden, damit sich eine glatte Oberfläche ergibt. Der Ball bleibt weich und läßt sich mit den Fingerkuppen zusammendrücken. Man kann ihn unter anderem auch zu Therapiezwecken verwenden.

Herstellen von harten Bällen

Sie benötigen:

- *Wasser, Seife;*
- *Wollvlies, keine Reste;*
- *einen Strumpf oder Sack.*

Man formt mit einer kleinen Menge Wollvlies eine Kugel und bearbeitet diese mit gut eingeseiften Händen. So lange trockenes, dünnes Vlies Schicht um Schicht darüberfilzen, bis die gewünschte Größe erreicht ist. Beachten Sie dabei, daß die letzte Schicht wieder besonders gut verfilzt werden muß. Der Ball wird nun ohne vorheriges Auswaschen der Seife im Hauptwaschgang der Waschmaschine bei 40–45° C gewaschen. Es empfiehlt sich, ihn in einen Strumpf oder Sack zu stecken, damit das Sieb Ihrer Waschmaschine nicht von Wollhaaren verstopft werden kann. Bei diesem Walkvorgang in der Maschine kann der Ball, je nach verwendeter Wollsorte, bis zu einem Drittel kleiner werden.

Auf die gleiche Weise können Sie auch ovale, zylindrische oder kegelförmige

Pantoffeln, Schuhe, Hut   *Kinderspielzeug*

Filzbälle in verschiedenen Größen

FILZTECHNIKEN

Objekte formen. Daraus lassen sich unter anderem mit den Händen verschiedenste Stofftiere und andere Spielzeuge anfertigen, die mittels Abbindetechnik ihre Struktur erhalten. Dazu wird das Werkstück an verschiedenen Stellen mit einem Faden abgebunden, um dem Objekt die gewünschte Form zu geben. Genauso können auch Puppen ohne Schablone hergestellt werden.

ANDERE FILZTECHNIKEN

Eine sehr einfache Technik wird für das Filzen von Hüten, Kappen und Behältern verwendet. Als Model benutzt man dazu ein Sieb ohne Stiel, eine Schüssel, einen kleinen Korb, einen Topf oder ähnliches.

Filzen eines Hutes über ein Sieb

Sie benötigen:

- *100 g Wollvlies;*
- *Wasser, Seife;*
- *ein größeres Salatsieb ohne Stiel – Maße des Siebes für einen Hut in normaler Größe: ca. 15 cm Höhe und 27 cm Durchmesser; wenn Sie eine breitere Krempe möchten, muß der Durchmesser größer sein;*
- *ein Backblech als Unterlage.*

Das Sieb wird mit der Öffnung nach unten auf die Unterlage gestellt. Dann teilt man das Vlies in zwei Lagen à 50 g ein. Nun nimmt man dünne Vliesbänder von der ersten Lage herunter und legt diese zuerst senkrecht nebeneinander über das Sieb, so daß die gesamte Fläche gleichmäßig bedeckt ist.

Das restliche Vlies wird in gleicher Weise in dünnen Bahnen waagrecht darübergeschichtet. Auf die Spitze legt man eine zusätzliche dünne Lage zur Verstärkung. Mit noch trockenen Händen alles gut festdrücken und dann vorsichtig mit warmem Seifenwasser beträufeln. Mit gut eingeseiften Händen wird das Wollvlies an die Form gedrückt.

> Wichtig ist, daß dabei vom unteren Rand des Siebes zur Spitze hin gearbeitet wird.

Anschließend wird das Vlies vorsichtig mit klopfenden Bewegungen festgedrückt, bis cremiger Seifenschaum entsteht. Nicht zuviel Wasser nehmen, da das Wollvlies sonst von dem Model gleitet. Mit sanften, kreisenden Bewegungen wird das Werkstück etwa eine halbe Stunde weiterbearbeitet, bis sich die Oberfläche verdichtet hat. Jetzt wird der Hut vom Sieb genommen, von innen nach außen gedreht und wieder auf das Sieb gestülpt. Nun wird die kalte Seifenlauge abgegossen und mit frischem, warmem Seifenwasser auch diese Seite wie oben behandelt. Wenn die Oberfläche bereits gut verfilzt ist, wird der Hut vom Sieb genommen und auf einen kleineren Model (Blumentopf, kleine Schüssel, o. ä.) gesetzt. Der Hut soll mit dem unteren Rand auf dem Backblech zu liegen kommen, so daß eine Krempe geformt werden kann. Gleichzeitig wird auch die Kopfform von oben nach unten mitbearbeitet. Ca. alle 10 Minuten wird das Werkstück gewendet. Wenn der Hut die gewünschte Größe erreicht hat, wird er mit Wasser gespült. Für den letzten Spülgang verwendet man heißes Wasser. Schließlich wird der Hut zentrifugiert. Danach setzt man ihn auf den Kopf und modelliert ihn in die gewünschte Form. Am Schluß bringt man Verzierungen wie Bänder, Federn etc. an.

Falls Ihr Hut zu klein geworden sein sollte, können Sie ihn über Dampf dehnen. Dazu wird in einen Topf wenig Wasser gegeben. Dann hängt man ein passendes Sieb ein, legt den Hut hinein und schließt den Topf mit einem Deckel. Anschließend bringt man das Wasser zum Kochen. Nach einigen Minuten wird der Hut herausgeholt und mit den Händen gedehnt. Diese Technik wird so oft wiederholt, bis der Hut die gewünschte Größe erreicht hat.

Eine andere Technik ist das **Filzen in einer Holzkiste.** Sie können damit Kissen und dicke Sesselauflagen herstellen. Ein Vorteil dieser Filztechnik besteht darin, daß schöne, feste Ränder entstehen. Die Holzkisten können ganz einfach im Eigenbau in jeder benötigten Größe hergestellt werden.

FILZTECHNIKEN

Filzen mit Holzkiste am Beispiel einer Sesselauflage, 40 x 40 cm

Sie benötigen:

- Wasser, Seife, Schere;
- Wollvlies je nach gewünschter Höhe des Kissens – für ein flaches Kissen braucht man ca. 200 g Wollvlies;
- Netz in entsprechender Größe;
- eine Holzkiste mit den Maßen: 40 x 40 cm im Quadrat und 12 cm Höhe. Wenn Sie die Kiste am Boden mit kleinen Löchern versehen, kann das Wasser automatisch abfließen.

Zuerst wird das Netz durchnäßt und in die Kiste gelegt. Dann werden 4 Lagen Wollvlies à 50 g abwechselnd in senkrechter/waagrechter Faserrichtung übereinandergeschichtet. Falls gewünscht, kann man hauchdünnes farbiges Vlies hinzufügen. Danach wird das Netz geschlossen, Seifenlauge darübergegossen und die Lagen fest ineinandergedrückt, bis an der Oberfläche cremiger Seifenschaum entsteht. Nun wird die Oberfläche mit den Händen verfilzt. Wenn erforderlich, wird die Seifenlauge erneuert. Wenn das ganze Werkstück gut verfilzt ist, wird es aus der Kiste genommen, umgedreht und wieder hineingelegt. Auch diese Seite wird bearbeitet, bis sich die Oberfläche geschlossen hat. Am Schluß wird das Netz entfernt, die Seife mit klarem Wasser ausgespült und – falls erforderlich – mit einem Rollholz herausgedrückt.

Mit dieser Methode können Sie auch **Schlafkissen** in beliebiger Größe und Stärke herstellen.

Wandteppich | *Vogelbaum*

Patchworkdecke mit Filzeinlage

Teil 2: Färben

Färben mit Pflanzenfarben

Allgemeine Einführung zum Thema „Färben"

Die Geschichte des Färbens – soweit sie uns bis heute bekannt ist – beginnt bereits in der Steinzeit. Unsere in Höhlen lebenden Vorfahren haben die Schädel ihrer Toten mit roter Farbe bemalt. Die Wände der Wohnhöhlen wurden ebenso mit Tierdarstellungen in roter Farbe verziert. Es wurden auch bereits nach Maß gefertigte Kleidungsstücke wie Mäntel, Jacken und Schuhe getragen. Grabfunde aus dieser Periode beweisen, daß Teile der aus Fellen, Tierhaaren und Gras bestehenden Kleidungsstücke gefärbt waren. Hierzu verwendete man Erdfarben, die aus einer Mischung von Ton mit Farbmineralien, wie Ocker oder Zinnober, bestanden.

In ägyptischen Mumiengräbern, die aus der Zeit um 2500 v. Chr. stammen, fand man Textilien, auf denen man Spuren des Farbstoffes der Färberdistel nachweisen konnte. Auch die Hochkulturen in China und Indien kannten zu dieser Zeit schon Färbemethoden. In China wurden Seidenstoffe gefärbt, während in Indien schon ein Vorläufer des Stoffdrucks bekannt war. Die älteste Färbepflanze Indiens ist der Indigostrauch, der zur Blütezeit geerntet und zur Blaufärbung verwendet wurde.

Im Zweistromland Mesopotamien lebte das Volk der Sumerer. Es war bekannt für seine Vorliebe, bunte Kleidung zu tragen. Gefärbt wurden die Textilien mit den Farbstoffen der Krappwurzel, der Färberdistel, des Waids, des Waus, des Safrans und des Indigos. Zusätzlich wurde der Purpurfarbstoff verwendet, den man aus der Schale der Purpur-Schnecke gewann. Die Entdeckung der Purpur-Schnecke als Farbstofflieferant wird sowohl den Griechen als auch den Phöniziern zugeschrieben. Purpur wurde im antiken Griechenland zum Färben der Gewänder von Staatsoberhäuptern und Adeligen verwendet. Noch bis ins Mittelalter herauf galt Purpur als der teuerste und exklusivste Farbstoff überhaupt.

In der Bronzezeit, die in Mitteleuropa um 1700 v. Chr. begann, wurden die Menschen vermehrt seßhaft und betrieben Ackerbau und Viehzucht. Mit der Erfindung von Handspindel und Webstuhl gelang es, aus Hanf, Flachs, Tierhaaren und der Wolle der domestizierten Tiere feste Gewebe herzustellen. Die daraus genähten Textilien wurden mit Hilfe von Färbeginster, Wau und Waid gefärbt. Wau und Färbeginster färbten die Stoffe gelb. Mit dem schon sehr früh auf Feldern angebauten Waid waren sehr schöne Blautöne zu erzielen. Mit der Krappwurzel wurde ein roter Farbton gewonnen. Sie ist das älteste bekannte rotfärbende Kraut und wurde schon zur Pharaonenzeit in Ägypten benutzt. Krapp war ebenso bekannt bei den Indern, den Römern und den Griechen. Die Araber nannten den roten Farbstoff „Al izari". Aus diesem Namen entstand im 19. Jahrhundert die Bezeichnung für den künstlichen roten Farbstoff: Alizarin.

In der gesamten Bronze- und Eisenzeit wurden die Färbetechniken in den Ländern Europas und Asiens vervollkommnet. Durch die geographische Lage bedingt, kamen allerdings unterschiedliche Farbstoffe zur Anwendung. Auch war im asiatischen Raum die Stoffdruck- und Mustertechnik bereits höher entwickelt als in Europa.

Aber auch in Süd- und Nordeuropa fanden unterschiedliche Entwicklungen statt. In der Zeit um Christi Geburt erlebten die griechische und die römische Kultur ihre Hochblüte. Färbekräuter und Färbetechniken wurden mittels Handelsschiffen aus Asien importiert. Modernst ausgerüstete Färbewerkstätten entstanden, wie ein Fund aus Pompeji beweist. In jeder dieser Werkstätten wurde nur eine einzige Farbe erzeugt. Die Betreiber der antiken Färbekunst waren in Zünften organisiert. Die schwere Arbeit mußte freilich von Sklaven verrichtet werden.

Im Gegensatz dazu wurde im germanischen Siedlungsraum und in den Gebieten anderer nordischer Volksstämme das Färben ausschließlich in Privathaushalten praktiziert. Die Färbearbeit war reine Frauenarbeit, die auch von hochgestellten Frauen verrichtet wurde. Rezepte und Anweisungen gab man mündlich im Familienkreis weiter.

Es gibt so gut wie keine schriftlichen Hinweise auf den technischen Vorgang des Färbens in alter Zeit. Erst in zwei aus dem 3. Jahrhundert n. Chr. stammenden Papyri, die Archäologen im ägyptischen Wüstensand fanden, sind genaue Anweisungen darüber zu finden, auf welche Art und Weise der Färbevorgang durchzuführen ist. Unter anderem findet sich auch ein Vorschlag zur Imitation des teuren Purpurfarbstoffes mittels der schon erwähnten Krappwurzel.

Einer der Papyri beinhaltet eine detaillierte Beschreibung des Färbens mit der Kulturpflanze Waid. Demnach sollte man den getrockneten Waid in einer Mischung aus Wasser und Urin einige Tage lang aufweichen, das ganze gemeinsam mit Seifenkraut abkochen und die Wolle in dieser Mischung färben. Die Bezeichnung dieser Färbelösung ist mit „Küpe" angegeben. Heute noch heißen die Farbstoffe für Waid und auch für Indigo, der ebenfalls blau färbt, „Küpenfarbstoffe".

Die Verwendung von pflanzlichen Farbstoffen kann auch bei anderen nordeuropäischen Völkern nachgewiesen werden. Der älteste lettische Farbfund etwa, ist ein gefärbter Mantelrest aus einem Grab. In einem am Oslofjord gefundenen Grabhügel entdeckten Wissenschafter ein Wikingerschiff, das als Grabstätte für eine Königin diente. Man fand darin sowohl Reste versponnener Wolle als auch Färbekräuter wie Krapp und Waid.

In der germanischen Völkerwanderungszeit wurde hauptsächlich Wolle gefärbt. Die Leinenfärbung praktizierte man erst später. Doch nicht jedes Kleidungsstück der Germanen erfuhr eine bunte Gestaltung. Die gewöhnliche Alltagskleidung wurde nicht gefärbt. Festlichere Bekleidung wurde in germanischen Haushalten zunächst mit Färberwaid, Krapp und einigen anderen heimischen Pflanzenfarbstoffen gefärbt. Altgermanische Färbepflanzen sind auch die Alkanna (Rote Ochsenzunge), Labkräuter, Wurzeln, Rinden und – vor allem in Skandinavien – Moose und Flechten.

Ab dem 8. Jahrhundert n. Chr. setzte zwischen Asien und Europa ein schwungvoller Handel mit Färbepflanzen ein. Viele italienische Kaufleute hatten Geschäftspartner in Syrien, Arabien und anderen asiatischen Ländern. Vor allem im 12. Jahrhundert gelangten arabische Schriften nach Europa, die von Mönchen übersetzt wurden. Aus ihnen entnahm man Färberezepte für Pflanzen, wie Saflor und Safran, und auch neue Färbetechniken. Diese Kenntnisse gelangten auf dem Umweg über Italien in den heute deutschsprachigen Raum. Italiener, Engländer und Franzosen kannten schon sehr früh Färberzünfte, die als Vorbild für die Entstehung der deutschen Färberzünfte galten.

Langsam entwickelten sich aus der germanischen Hausfärberei kleine Werkstätten in Klöstern und auf Frohnhöfen. Die Färbearbeit wurde nun auch von Männern erledigt. Ab dem 13. Jahrhundert entstanden „Färbebücher". Deutsche und italienische Mönche übersetzten Handschriften von antiken Naturwissenschaftern, wie Dioskurides, Theophrast und Plinius dem Älteren aus dem Lateinischen. Bemerkenswert dabei ist, daß viele dieser Rezepte ursprünglich als Anleitungen zur Behandlung mit Heilkräutern gedient hatten. Erst später waren diese Heilkräuter als Färbekräuter entdeckt worden. Die ersten volkssprachlichen Färberezepte entstanden ebenfalls in dieser Zeit. Mittlerweile hatte sich

Allgemeine Einführung zum Thema „Färben"

auch ein gewisses theoretisches Fachwissen über den Färbevorgang herausgebildet.

Im frühen Mittelalter glaubte man noch, daß die Färbekräuter ihren Farbstoff aufgrund eines magischen Vorganges auf den zu färbenden Stoff übertragen würden. Beim Sammeln der Färbepflanzen beachtete man bestimmte Tage, Tageszeiten und andere Bedingungen, ähnlich wie beim Sammeln von Arzneipflanzen. Erst später, im Zuge der Verwendung von Indigo, der von den Spaniern aus Indien eingeführt wurde, erkannte man, daß bestimmte Faktoren für den Übergang des Farbstoffes auf ein zu färbendes Gut verantwortlich waren. Man fand heraus, daß durch die Verwendung von Alaun als Beizmittel eine Farbveränderung vor sich ging und die Farbe durch den Beizvorgang besser auf die Wolle aufziehen konnte.

Mit der Kenntnis der überlegenen arabischen Färbetechniken und der Verwendung von mineralischen Zinn-, Kalk- und Aluminiumbeizen wurde der Grundstein für das Entstehen von mittelalterlichen Handwerksbetrieben in Deutschland gelegt. Ab dem 14. und 15. Jahrhundert entstanden große Färbewerkstätten, die in Zünften organisiert waren. Strenge Zunftordnungen wurden herausgegeben. Später teilte sich die Berufsbezeichnung „Färber" in „Schönfärber" und „Schwarzfärber". Die dort verwendeten Färberezepte wurden damals streng geheim gehalten und durften nur innerhalb der Zunft weitergegeben werden. Dem wurde ein Ende gesetzt, als im Jahre 1548 das erste umfangreiche Rezeptbuch für das Färben von Textilien in Venedig erschien. Der Autor Giovanventura Rosetti beschreibt darin das Färben von Woll-, Leinen-, Baumwoll- und Seidenstoffen. Es finden sich Rezepte für alle damals bekannten Farbstoffe.

Blaufärben konnte man mit dem ab dem 15. Jahrhundert aus Indien importierten Indigo und mit dem schon bekannten heimischen Waid. Rot färbte man mit Kermes (einer Schildlaus), mit Chochenille, Krapp, Alkanna und Rotholz aus China. Gelb konnte mit Wau, Gelbholz aus Amerika, Safran aus Asien, Kurkuma und Faulbaumrinde gefärbt werden. Weiters finden sich Rezepte für das Erzielen von Brauntönen aus Flechten sowie für die Gewinnung von violetten Farbtönen und von Schwarztönen mit Galläpfeln. Ein eigener Abschnitt gilt den Beizmitteln, die den Farbton und die Lichtechtheit beeinflussen. Ferner wird über den Gebrauch von Essig, Urin und über unterschiedliche Färbetechniken berichtet.

Im 16. Jahrhundert gerieten die heimischen Waidbauern in arge Bedrängnis. Sie konnten ihre Pflanzen nicht mehr verkaufen, da man mit dem in indischen Plantagen gezüchteten und nach Europa importierten Indigo weitaus effizienter und schneller blau färben konnte als mit Waid. Später wurde in den Manufakturen nur mehr Indigo zur Blaufärbung verwendet.

Im 17. Jahrhundert wurden bedruckte Stoffe aus Vorderindien eingeführt, die an Qualität den in Europa hergestellten Drucken weit überlegen waren. In der Folge wurde auch die europäische Drucktechnik verbessert und neue Erfindungen, wie z. B. die Dampfmaschine, ermöglichten es, Textilien in großem Umfang zu färben und zu bedrucken.

Im Jahre 1856 erfand der englische Chemiker Sir William Perkin den ersten synthetischen Farbstoff und legte damit den Grundstein für die moderne Farbenindustrie. Ab 1869 konnte Alizarin, der rote Farbstoff, der unter anderem auch in der Krappwurzel enthalten ist, ebenfalls synthetisch hergestellt werden. Der natürliche Indigo wird um 1890 ebenfalls vom synthetischen Farbstoff verdrängt. Damit ging die Ära der natürlich hergestellten Farbstoffe dem Ende zu. Bedingt durch den hohen Bevölkerungszuwachs und die Verbesserung der allgemeinen Lebensumstände war es notwendig geworden, gefärbte Textilien in großer Zahl herzustellen. Es blieb keine Zeit, die alten Naturfärbemethoden anzuwenden.

Erst in den letzten Jahren gehen viele Menschen wieder zur „Hausfärberei" über. Sie schätzen die Tätigkeit des Färbens mit natürlichen, pflanzlichen Farbstoffen. Zum einen entlockt man der Natur mit all ihren Schönheiten jahrhundertelang tradierte Geheimnisse – zum anderen erzielt man mit dem „Hineinschnuppern" in die Pflanzenfärbekunde prächtige Farbnuancen, die Werkstücken – vom Kleidungsstück bis hin zum textilen Kunstwerk – eine einzigartige und unverkennbare persönliche Note verleihen.

Das Arbeiten in der Färbeküche

Färben ist eine Tätigkeit, bei der Sie den Zyklus der Natur sehr schön beobachten können. Zu jeder Jahreszeit sind Farbpflanzen vorhanden. Auch manch geruhsamer Spaziergang in Wald und Flur ist garantiert, wenn Sie auf Pflanzensuche gehen.

Für die Einrichtung einer kleinen Färbeküche benötigen Sie nur eine Kochstelle, einen Topf, einen großen Holzlöffel, Wolle und einen Farbstofflieferanten in Form einer Färbepflanze.

Eine Anzahl von natürlichen Farbstofflieferanten

„Färbekessel" | Krappfärbung

Färben kann man die Wolle im gesponnenen Zustand (im Strähn) oder in der Flocke. Die Flocke ist die gewaschene, unkardierte Wolle. Besonders gut eignet sich die schöne Rücken- und Flankenwolle des Schafes.

Die beim Färben erzielten Farbnuancen sind je nach verwendeter Wolle verschieden. Auch die Zusammensetzung des verwendeten Wassers, der Standort und die Sammelzeit der Farbstofflieferanten nehmen Einfluß auf den zu gewinnenden Farbton. Um einen bestimmten Farbton erzielen zu können, muß man oft mehrere Färbungen ausprobieren. Die Belohnung ist fast immer ein wunderbarer, natürlicher Farbton.

Auch fertige Filzstücke können noch gefärbt werden. Sie haben den Vorteil, daß sie nicht mehr einlaufen können. Zu färbende Filzstücke müssen feucht in das Farbbad gegeben werden. Filzstücke, die mit beizenziehenden Pflanzen gefärbt werden, müssen vorgebeizt sein. Das Farbbad wird in gleicher Art und Weise durchgeführt wie für die Wolle in der Flocke. Man kann auch Teile eines Werkstückes färben, indem man die Abbindetechnik (Batik) verwendet.

FARBSTOFFLIEFERANTEN

Diese sind Kräuter, Blätter, Blüten, Rinden, Flechten, Zwiebelschalen und grüne Walnußhüllen. Pflanzenfarben daraus sind im allgemeinen wasch- und lichtecht.

Sehr genaue Beschreibungen der Färbepflanzen, die zum großen Teil auch Arzneipflanzen sind, finden Sie in Heilkräuterbüchern. Die Inhaltsstoffe der Pflanzen sind dort genau angegeben. Ein Pflanzenbestimmungsbuch ist ebenfalls eine große Hilfe.

SAMMELZEITEN

Kräuter: Man findet sie von Frühjahr bis Herbst am Wegesrand.
Blätter: Frühjahr bis Sommer, bevor sich die Blüten entwickelt haben. Beispiele: Zinnkraut, Weidenblätter, Schafgarbe, Rainfarn.
Blüten: Voll aufgeblüht bei Sonnenschein sammeln. Beispiele: Goldrute, Schafgarbe, etc.
Rinden: Im Frühjahr, den Abfall des Baumschnittes verwenden. Grundsätzlich färbt jede Rinde.
Flechten und Zwiebelschalen: ganzjährig
Walnußhüllen: September, Oktober. Sie können auch eingefroren werden.

Schafgarbe

Faulbaum

Goldrute

Grüne (unreife) Walnußschalen

QUELLEN FÜR DIE PFLANZENSUCHE

Baumschulen, Wirtschaftshöfe, Bachufer, Waldrand, Wegesränder und der eigene Garten.

Für das Anlegen einer eigenen Kräuterecke eignen sich besonders: die Krappwurzel *(Rubia tinctorum)*, der Wau *(Reseda luteola)*, der Waid *(Isatis tinctoria)*, die Färberkamille *(Anthemis tinctoria)* und die Alkanna *(Anchusa tinctoria)*.

Sie können auch andere Pflanzen anbauen, die gerade genannten sind jedoch die Standardkräuter für das Färben.

BEHANDLUNG DER GESAMMELTEN FARBSTOFFLIEFERANTEN

Blätter, Blüten und Kräuter werden nach den Teeregeln im Schatten getrocknet und in Papiersäcken aufbewahrt.

Die glatten, noch nicht verborkten Äste werden gewaschen und geschält. Die Rindenstücke werden gleich zerkleinert und getrocknet.

Das Färben

Das Färben besteht aus drei Arbeitsgängen:

- Beizen;
- Farbbad;
- Nachbehandlung.

Beizen

Zum Färben der Wolle mit den meisten einheimischen Pflanzen ist es notwendig, die Wollfaser auf die Aufnahme des in der Pflanze enthaltenen Farbstoffes vorzubereiten. Dieser Vorgang der Vorbereitung wird **„Beizen"** genannt. Die einfachste Beize kann mit dem Hilfsmittel Alaun (Kaliumaluminiumsulfat, $KAl(SO_4)_2 \cdot 12\,H_2O$) hergestellt werden. Alaun ist ein weißes Salz und in der Drogerie erhältlich.

Während des Beizvorganges dringt der im Beizbad gelöste Alaun in die Wollfaser ein. Dadurch wird es der gebeizten Wolle ermöglicht, den im nachfolgenden Färbebad aus den Pflanzen gelösten Farbstoff aufzunehmen und zu halten. Die so behandelten Farbstofflieferanten heißen **„beizenziehende Pflanzen"**.

Es gibt auch Färbepflanzen, deren Farbstoff sich ohne Hilfsmittel direkt mit der Wollfaser verbindet. Es sind dies Rinden, Flechten, grüne Walnußschalen und andere gerbstoffhaltige Pflanzen. Diese Pflanzen nennt man **„direktziehende Pflanzen"**. Bei ihnen ist ein Vorbeizen der Wolle nicht nötig.

> Man kann die Wolle versponnen oder unversponnen beizen. In der Folge wird die Wolle in der Flocke gebeizt und gefärbt. Zu diesem Zeitpunkt ist sie noch nicht kardiert, das heißt, daß noch kein geordnetes Wollvlies besteht.

Die Mengenangaben für Beizmittel und Farbstoffe in den folgenden Rezepten beziehen sich immer auf 1 kg Wolle im Trockengewicht, wenn nicht anders angegeben.

Sie benötigen zum Beizen der Wolle:

- Wolle;
- Wasser;
- Alaun;
- Feuerstelle, Topf, Kochlöffel.

Beizvorgang

Die gewaschene, trockene Wolle wird gewogen. Zum Trockengewicht der Wolle nimmt man 10–20% Alaun auf 1 kg Wolle. Nehmen Sie nicht mehr als 25% Alaun, da die Wolle sonst spröde werden kann.

Zuerst wird der Alaun in wenig kaltem Wasser gut aufgelöst. Dann wird diese Lösung mit Wasser verdünnt. Für 1 kg Wolle nimmt man 25 bis 30 l Wasser. Danach wird die Wolle so ins Beizbad gelegt, daß sie gut mit Wasser bedeckt ist und sich leicht im Topf bewegen läßt. Das Alaunbad wird mit der Wolle langsam auf 90° C erhitzt und zwei Stunden auf dieser Temperatur gehalten. Die Wolle kann nun einige Tage im (abgekühlten) Beizbad belassen werden.

Wenn man keinen Alaun verwenden will, kann man auch mit Sauerampfer *(Rumex acetosa)* oder Vogelmiere *(Stellaria media)* vorbeizen. Dazu werden 1 kg getrocknete Kräuter eingeweicht, eine Stunde ausgekocht und abgeseiht. Dann wird die Wolle eingelegt und 1–2 Stunden gekocht. Die Wolle hat nach dieser Behandlung allerdings schon Farbe angenommen. Wenn man solcherart gebeizte Wolle färbt, ergeben sich daher dunklere, nicht mehr so reine Farben. Auch Eichenrinde und andere gerbstoffhaltige Rinden eignen sich zum Beizen.

Als Zusätze zum Beizbad kann man noch geringe Mengen Weinstein verwenden. Wenn man der Alaunbeize 5% Weinstein zusetzt, kann dies in manchen Fällen eine Farbintensivierung bei der später gefärbten Wolle bewirken.

Es wurde bewußt auf die Nennung von metallischen Stoffen als Beizmittel verzichtet, da diese giftig sind.

FARBBAD

Das Farbbad dient dazu, den im Wasser aus der Pflanzenfaser gelösten Farbstoff dauerhaft an die Wollfaser zu binden. Sowohl gebeizte als auch ungebeizte Wolle kann im Farbbad gefärbt werden.

> Ein Farbbad kann aus jeder beliebigen Pflanze bereitet werden. Dabei ist zu beachten, daß frische Pflanzen das drei- bis vierfache Gewicht getrockneter Pflanzen haben. Diesem Umstand ist auch die Menge der verwendeten Wolle und die Wassermenge anzupassen.

Um die Farbkraft einer bestimmten Pflanze zu testen, führt man eine **Probefärbung** durch. Man nimmt dazu einen kleinen Topf, füllt ihn mit einem Liter

Wasser und kocht darin vorsichtig die gesammelten Pflanzen eine Stunde lang bei geschlossenem Deckel. Daraus ergibt sich ein stark konzentriertes Farbbad. Nun 10 g gebeizte Wolle einlegen und eine Stunde auf dem Siedepunkt halten. Mit dieser Methode kann man auch die Färbekraft des Farbstofflieferanten auf ungebeizter Wolle, Leinen, Baumwolle oder anderen Textilien ausprobieren. Bei Seide beträgt die Höchsttemperatur 70° C.

Durch den nachfolgenden **Lichtechtheitstest** können Sie feststellen, ob ein bestimmtes Färbekraut seine Farbe besonders gut auf die Wolle überträgt. Gefärbte Probewolle wird dabei auf einen Kartonstreifen von 10 cm Länge und 5 cm Höhe gewickelt. Die Hälfte des Kartons wird mit einer schwarzen Folie (Müllsack) umwickelt und in die Sonne gelegt. Nach 14 Tagen zieht man die Folie ab. Wenn der unbedeckte Teil sehr an Farbe verloren hat, ist das Kraut zum Färben ungeeignet.

Noch einfacher kann man den Lichtechtheitstest durchführen, indem man einen Teil der gefärbten Wolle in die Sonne legt und diesen dann nach einer Woche mit dem anderen, im Schatten verbliebenen Teil, vergleicht.

Färben mit beizenziehenden Pflanzen

Die getrockneten Pflanzen werden 2 Stunden (oder über Nacht) in kaltem Wasser vorgeweicht. Dann gibt man sie in ein Zwiebelnetz, bindet dieses locker zu, und läßt das Ganze ein bis zwei Stunden lang kochen.

Das Farbbad soll dann auf 30° C abkühlen und die gebeizte, zentrifugierte Wolle hineingegeben werden. Die Wolle muß dabei lose im Farbbad liegen. Nun wird das Farbbad langsam bis auf 90° C erhitzt und ca. zwei Stunden auf dieser Temperatur gehalten. Um die Wolle gleichmäßig zu färben, soll diese ca. 10–15 Minuten im Farbbad vorsichtig bewegt werden. Vorsichtig deswegen, damit sich die Wolle nicht verfilzt. Anschließend läßt man die Wolle im Farbbad auskühlen. Danach wird sie zentrifugiert und getrocknet.

> Erst dann sollte die Wolle mit Wasser gespült werden, da der Sauerstoff der Luft die Farbgebung beeinflußt. Zum Beispiel entwickeln Nuß oder Indigo ihre eigentliche Färbung erst durch Sauerstoff.

Einflüsse auf die Farbgebung haben außerdem noch die Beschaffenheit des Wassers, die Wollsorte, das verwendete Geschirr, die Art und Menge des Beizmittels, die Sammelzeiten und der Standort der Kräuter.

Färben mit direktfärbenden Pflanzen

Eine kleine Gruppe von Pflanzen färbt ohne Beize, auf direktem Wege. Es sind dies gerbstoffhaltige Rinden, Flechten, grüne Walnußschalen und die Krappwurzel.

Bei der **Direktfärbung** werden Farbstofflieferant und Wolle in der Regel im Verhältnis 1:1 gewogen. Danach wird die Färbepflanze locker in einen Sack gesteckt, 2 Stunden oder über Nacht vorgeweicht und gemeinsam mit der Wolle zum Kochen gebracht, wonach sie 2 Stunden auf Kochtemperatur belassen werden muß. Anschließend läßt man die Wolle im Farbbad auskühlen. Schließlich wird sie zentrifugiert, getrocknet und mit Wasser gespült.

NACHBEHANDLUNG

Prinzipiell kann jede gefärbte Wolle nachbehandelt werden, gebeizt oder direktgefärbt. Die Nachbehandlung bewirkt eine **Farbintensivierung,** bzw. eine **Farbveränderung.** Die Farbe der Faulbaumrinde verändert sich zum Beispiel im Pottaschenbad von einem gelben Farbton in einen rötlichen Farbton.

> Ein zusätzlicher Vorteil der Nachbehandlung ist eine Fixierung der entstandenen Farbe.

Man verwendet dazu Pottasche (nötigenfalls Soda) oder Holzaschelauge (selbst hergestellt).

Herstellen eines Pottaschebades

20 g Pottasche (K_2CO_3, erhältlich in der Drogerie) werden in 10 l lauwarmem Wasser gut aufgelöst. Die gefärbte, zentrifugierte Wolle läßt man dann 1–2 Stunden im Pottaschebad. Danach wird sie mit Wasser ausgespült, zentrifugiert und getrocknet. Die Pottasche bewirkt eine Farbfixierung, bei einigen Farbpflanzen sogar eine Farbveränderung.

Es ist auch möglich, die Nachbehandlung gleich im Farbbad durchzuführen. Dazu werden 20 g Pottasche in einem Gefäß gesondert aufgelöst, und die Wolle wird aus dem Farbbad genommen. Dann wird die aufgelöste Pottasche ins Farbbad gerührt, die Wolle in den Topf gelegt und ohne Aufkochen 2–3 Stunden im Farbbad belassen. Dann wird die Wolle zentrifugiert und ausgespült. An Stelle von Pottasche kann man zur Nachbehandlung auch Holzasche verwenden.

Herstellen einer Holzaschelauge

Ca. 2 kg reine, gesiebte Holzasche werden in einen 10-l-Kübel gegeben und mit kochend heißem Wasser übergossen. Buchenholzasche eignet sich dazu am besten. Diese Mischung wird nun zugedeckt und **kindersicher** 2 Stunden stehen gelassen. Nach 2 Stunden hat sich eine klare, scharfe Lauge an der Oberfläche gebildet, die man abschöpfen kann. Für die Nachbehandlung wird sie 1:10 verdünnt, d. h. 1 l Lauge auf 10 l Wasser.

Die Nachbehandlung wird in gleicher Art und Weise durchgeführt wie bei der Pottasche.

Die Holzaschelauge dient auch anderen Zwecken. Sie wird unverdünnt bei der Indigofärbung verwendet (siehe Indigorezept). Verdünnt findet sie auch als Reinigungsmittel für die Wollwäsche und zur Seifenherstellung Verwendung.

> Alle Hilfsmittel, wie Alaun, Natriumhydrosulfit und Pottasche, müssen in verschraubbaren, kindersicheren Gläsern aufbewahrt werden, da ihre Wirksamkeit durch Einwirken von Luftfeuchtigkeit abgeschwächt werden kann.

Da die Behandlung der Wolle mit Laugen sehr belastend für die Wollfaser ist, wird eine Neutralisierung mit Essig empfohlen, bei der sich die Wolle erholen kann. Dazu bereitet man ein Essigbad aus einem Eßlöffel mildem Obstessig und einem Liter Wasser, worin man die Wolle 15 Minuten weichen läßt. Danach wird sie gut im kalten Wasser gespült und an der Luft getrocknet.

SCHEMATISCHE DARSTELLUNG „FÄRBEN"

1. **Beizen der Wolle, um mit beizenziehenden Pflanzen färben zu können**

   - Alaun in kaltem Wasser auflösen;
   - Alaunlösung in einen Topf geben, mit Wasser auffüllen, die Wolle dazugegeben und langsam auf 90° C erhitzen;
   - 2 Stunden auf dieser Temperatur halten;
   - Beizbad abkühlen und die Wolle einige Tage darin belassen.

2. **a) Herstellung eines Farbbades für beizenziehende Pflanzen**

   - getrocknete Pflanzen 2 Stunden in kaltem Wasser vorweichen;
   - Kräuter 2 Stunden auskochen und das Farbbad dann auf 30° C abkühlen;
   - die gebeizte, zentrifugierte, aber noch feuchte Wolle in das Farbbad geben und langsam auf 90° C erhitzen;
   - 2 Stunden auf dieser Temperatur halten;
   - Wolle im Farbbad auskühlen lassen, mit Wasser ausspülen, zentrifugieren und trocknen.

   b) Herstellung eines Farbbades für direktziehende Pflanzen

   - getrocknete und zerkleinerte Pflanzen in einen Sack stecken und 2 Stunden oder über Nacht in kaltem Wasser vorweichen;
   - Wolle in diese Mischung geben, alles langsam zum Kochen bringen und 2 Stunden auf dieser Temperatur belassen;
   - Wolle im Farbbad auskühlen lassen, mit kaltem Wasser ausspülen, zentrifugieren und trocknen.

3. **Nachbehandlung zum Fixieren oder Verändern der Farbe**
   - Bereiten einer Pottasche- oder Holzaschelauge;
   - gefärbte, zentrifugierte, aber noch feuchte Wolle 1–2 Stunden im Pottaschebad belassen;
   - Wolle mit kaltem Wasser ausspülen, zentrifugieren und trocknen.

Rezepte zum „Hineinschnuppern" in die Pflanzenfärbegeheimnisse

Die in der Folge beschriebenen Färberezepte können Sie mit Kräutern durchführen, die Sie am Wegesrand finden oder im Garten anbauen können. Aus den unscheinbarsten Kräutern werden häufig die schönsten Farben gewonnen.

Die Rezepte werden nach den Farben, die sich aus den verwendeten Farbpflanzen ergeben, eingeteilt.

> Die Angaben in den nachfolgenden Rezepten beziehen sich auf getrocknete Pflanzen. Von frischen Pflanzen ist die 2–3fache Menge zu verwenden. Die Rezepte gelten, falls nicht anders angegeben, für die Färbung von 1 kg Wolle.

Die Beschreibungen der in den Rezepten verwendeten Pflanzen finden Sie im nachstehen Pflanzenglossar. Daraus können Sie entnehmen, wie die Pflanzen aussehen und wann sie gesammelt werden können.

In diesem Buch werden praktische Anweisungen gegeben und einfache Färberezepte angeführt. Durch zusätzliches Experimentieren können Sie überdies Ihre eigenen Erkenntnisse über das Färben gewinnen.

Gelb

Die meisten Pflanzen liefern gelbe Farbstoffe. Die Gelbtöne sind sehr unterschiedlich. Sie können durch Versuche mit kleinen Mengen herausfinden, welcher Farbton entsteht.

Die meisten **Blüten,** wie z.B. die Blüten der Goldrute *(Solidago canadensis L.),* der Schafgarbe *(Achillea millefolium),* des Rainfarns *(Tanacetum vulgare)* oder der Kamille *(Anthemis tinctoria)* liefern in der Regel rötlich-gelbe Töne. Viele **Blätter,** wie z. B. der Weide *(Salix alba),* des Rainfarns und der Schafgarbe liefern grün-gelbe Töne. Die **Rinden** des Apfelbaumes, des Birnbaumes und des Faulbaumes *(Rhamnus frangula),* sowie einige **Beeren** und **Flechten** färben ebenfalls gelb. Die **Zwiebelschale** liefert schöne, leuchtende Gelbtöne.

> Farben aus Blüten oder Zwiebelschalen erweisen sich als haltbarer, wenn man die bereits gefärbte Wolle in einem zweiten Farbbad nochmals mit frischen Blüten oder frischer Zwiebelschale färbt.

In der Regel bleiben die meisten gelben Farbstoffe nur auf einer alaungebeizten Wolle dauerhaft haften.

Färben mit Goldrute *(Solidago canadensis L.)*

500 g Wolle werden mit 100 g Alaun vorgebeizt. Dazu werden 100 g Alaun in 10 l Wasser gut aufgelöst. Dann 500 g Wolle in das Beizbad legen und das Ganze langsam auf 90° C erhitzen. Das Beizbad wird zwei Stunden auf dieser Temperatur gehalten. Danach läßt man es auskühlen. Die Wolle soll zwei bis drei Tage im abgekühlten Beizbad gelassen werden.

Danach bereitet man aus 1 kg getrockneten Goldrutenblüten ein Farbbad und legt die zentrifugierte Wolle darin ein. Das Ganze wird auf 90° C erhitzt und 2–3 Stunden auf dieser Temperatur gehalten. Nun läßt man die Wolle im Farbbad auskühlen. Anschließend läßt man sie trocknen und spült sie in kaltem Wasser. Bei der Färbung mit Goldrute ergibt sich ein schöner, goldgelber Farbton.

> Das Trocknen der Wolle vor dem Spülen erfolgt deshalb, weil die Farbe an der Luft oxydiert und sich dadurch eine höhere Beständigkeit des gelben Farbtones ergibt.

Färben mit der Kreuzdornbeere *(Rhamnus pumila)*

500 g Wolle werden mit 75 g Alaun vorgebeizt. Dazu werden 75 g Alaun in 10 l Wasser gut aufgelöst. Dann 500 g Wolle in das Beizbad legen und das Ganze langsam auf 90° C erhitzen. Das Beizbad wird zwei Stunden auf dieser Temperatur gehalten. Danach läßt man es auskühlen. Die Wolle soll zwei bis drei Tage im abgekühlten Beizbad gelassen werden.

Danach bereitet man aus 250 g unreifen grünen Kreuzdornbeeren ein Farbbad und legt die zentrifugierte, aber noch feuchte Wolle darin ein. Das Farbbad wird langsam auf 90° C erhitzt und 2–3 Stunden auf dieser Temperatur gehalten. Dann läßt man die Wolle im Farbbad auskühlen, trocknet und spült sie im kalten Wasser. Es ergibt sich ein schöner gelber Farbton.

Färben mit Faulbaumrinde *(Rhamnus frangula)*

200 g Wolle werden mit 40 g Alaun vorgebeizt. Dazu werden 40 g Alaun in 10 l Wasser gut aufgelöst. Dann 200 g Wolle in das Beizbad legen und das Ganze langsam auf 90° C erhitzen. Das Beizbad wird zwei Stunden auf dieser Temperatur gehalten. Danach läßt man es auskühlen. Die Wolle soll zwei bis drei Tage im abgekühlten Beizbad gelassen werden.

Dann weicht man 200 g Faulbaumrinde in 10 l Wasser über Nacht vor und läßt dieses Gemisch 2 Stunden kochen. Anschließend läßt man das Farbbad auskühlen und legt die feuchte (nicht nasse!) Wolle hinein. Dann wird das Ganze auf 90° C erhitzt und 2 Stunden auf dieser Temperatur belassen.

Färben mit Isländisch-Moos *(Cetraria islandica)*

500 g Flechten werden über Nacht zusammen mit 200 g gesiebter Holzasche eingeweicht. Dann schlägt man 1 kg ungebeizte Wolle locker in ein Netz ein und fügt sie obiger Mischung hinzu. Das Ganze wird nun langsam in 30 l Wasser zum Kochen gebracht und 3 Stunden auf dem Siedepunkt belassen. Dann läßt man das Farbbad auskühlen. Man nimmt die Wolle heraus und spült sie in kaltem Wasser gut durch. Dem letzten Spülwasser fügt man einen Löffel Essig (auf 1 Liter Wasser) bei. Dadurch wird eine Neutralisierung der durch die Lauge belasteten Wolle erreicht. Eine schöne goldgelbe Farbe sollte das Resultat sein.

Dieses Rezept ist für jede Flechte anwendbar, auch für Bartflechten.

ROT

Der beste Farbstoff für die Rotfärbung ist in der Krappwurzel *(Rubia tinctorum)* enthalten. Wenn man die mit Faulbaumrinde gelb gefärbte Wolle im Pottaschenbad nachbehandelt, ergibt sich auch ein rötlicher Farbton (meist ziegelrot).

Es gibt zwei Möglichkeiten, mit Krapp rot zu färben, entweder mit vorgebeizter Wolle oder mit ungebeizter Wolle auf direktem Wege.

Färben von vorgebeizter Wolle

500 g Wolle werden mit 100 g Alaun vorgebeizt. Dazu werden 100 g Alaun in 10 l Wasser gut aufgelöst. Dann 500 g Wolle in das Beizbad legen und das Ganze langsam auf 90° C erhitzen. Das Beizbad wird zwei Stunden auf dieser Tempe-

Mit pflanzlichen Farbstoffen gefärbte Stoffe

ratur gehalten. Danach läßt man es auskühlen. Die Wolle soll zwei bis drei Tage im abgekühlten Beizbad gelassen werden.

Danach wird ein Farbbad mit 300 g Krapp bereitet. Dieses Farbbad darf jedoch nur auf 80° C erhitzt werden und soll 2 Stunden auf dieser Temperatur belassen werden. Auf diese Weise erzielen Sie helle Rottöne.

Es ist möglich, die Krappwurzel für ein zweites Farbbad zu verwenden. Dieses Mal muß die Wurzel jedoch ausgekocht werden. Zum Färben verwenden Sie dann nur mehr 200–300 g gebeizte Wolle.

Färben von ungebeizter Wolle

150 g Krapp werden über Nacht vorgeweicht. Danach erhitzt man diese Mischung bis auf 80° C und läßt sie auskühlen. 150 g ungebeizte Wolle werden in das abgekühlte Farbbad gegeben und in einem – am besten emaillierten – Topf langsam auf 80° C erhitzt. Das Farbbad muß ebenso 2 Stunden auf dieser Temperatur belassen werden. Die Wolle hat sich dunkelrot gefärbt. Je nach Standort und Erntezeit der Wurzel ergeben sich allerdings unterschiedliche Rottöne.

Ein schönes Weinrot ergibt sich, wenn Sie nach diesen 2 Stunden einen Teelöffel Pottasche in das Farbbad rühren.

Verwendet man nur 100 g Krapp auf 150 g Wolle, entstehen hellere Farbtöne (rosa).

Zusätzlich kann man in allen Krappfarbbädern ein Säckchen mit 50–100 g Weizenkleie mitkochen. Dies bewirkt eine Farbintensivierung.

> Beachten Sie, daß die Krappwurzel nicht mit Eisen in Berührung kommen darf, da sonst leicht eine ungewollte braune Farbe entstehen kann.

BRAUN

Braun färben die meisten Rinden (z. B. Eichenrinde), Flechten und besonders die grünen Walnußschalen *(Juglans regia L.)*. Brauntöne erreicht man auf direktem Wege, ohne die Wolle vorher beizen zu müssen.

Färben mit Eichenrinde *(Quercus robur)*

Eichenrinde und Wolle werden im Verhältnis 1:1 gewogen, im vorliegenden Beispiel 500 g Eichenrinde und 500 g Wolle. Die kleingeschnittene Eichenrinde wird locker in einen Sack gesteckt, über Nacht vorgeweicht und gemeinsam mit der Wolle langsam zum Kochen gebracht. Das Ganze wird 2 Stunden auf Kochtemperatur belassen. Danach läßt man die Wolle im Farbbad auskühlen, zentrifugiert, trocknet und spült sie mit kaltem Wasser.

Färben mit Isländisch-Moos *(Cetraria islandica)*

500 g Isländisch-Moos werden über Nacht in 30 l Wasser eingeweicht. Am nächsten Tag wird diese Mischung ausgekocht und abgekühlt. Nun wird 1 kg Wolle in das Farbbad gegeben und das Ganze 2 Stunden lang gekocht.

Um einen hellen Braunton zu erreichen, wird eine Handvoll rostiger Nägel in einen Sack gesteckt und hinzugegeben. Danach wird das Farbbad eine weitere Stunde gekocht.

Wenn Sie einen dunkleren Braunton wünschen, werden nach 2 Stunden 200 g Holzasche dazugeben und alles noch eine weitere Stunde gekocht.

Färben mit Walnußschalen *(Juglans regia L.)*

1 kg grüne Walnußschalen werden in 10 l Wasser gekocht. Dann fügt man 300 g Schafwolle hinzu und bringt die Mischung zum Kochen. Danach wird das Farbbad abgekühlt, die Wolle herausgenommen und getrocknet. Es ergibt sich ein satter Braunton. Je mehr Nußschalen man verwendet, desto dunkler wird die Farbe.

Auch eine **Kaltfärbung** ist mit grünen, ganzen Nüssen möglich. Dazu werden 2 kg grüne Nüsse gemeinsam mit ca. 100–150 g ungebeizter, trockener Wolle in einem Eimer mit 10 l kaltem Wasser eingeweicht. Die Wolle wird nach 2 Tagen herausgenommen und getrocknet. Durch die Oxydation an der Luft entsteht ein sehr schöner Braunton. Je mehr Nüsse verwendet werden, desto dunkler wird das Braun.

> Mit Eichenrinde oder Nußschalen vorgefärbte Wolle kann in anderen Farbbädern überfärbt werden. Eine Überfärbung mit Krapp ergibt einen rotbraunen Farbton.

Grau

Grau färben sehr stark gerbsäurehaltige Rinden und Pflanzen. Auf direktem Weg können Sie mit der Erlenrinde färben.

Färben mit Erlenrinde *(Alnus glutinosa)*

500 g getrocknete, zerkleinerte Erlenrinde werden in einen Sack gesteckt und über Nacht in 10 l Wasser eingeweicht. Das Ganze wird in einem Eisenkessel aufgekocht. Danach läßt man das Farbbad abkühlen und legt 300 g ungebeizte Wolle hinein. Schließlich bringt man das Farbbad langsam wieder zum Kochen und läßt es 2 Stunden auf Kochtemperatur. Das Farbbad wird anschließend ausgekühlt, die Wolle herausgenommen, in kaltem Wasser gespült und getrocknet.

Sollte kein Eisenkessel zur Verfügung stehen, kann man auch einen anderen Topf verwenden. Man gibt eine Handvoll rostiger Nägel in einen kleinen Sack und kocht diese nach Einlegen der Wolle mit.

Violett

Schöne violette Farbtöne erzielen Sie mit Alkanna, einer Wurzel, die Sie im Fachhandel beziehen können. Aus der Alkanna-Wurzel ergibt sich eine Kontaktfarbe, d. h. die geschnittenen Wurzeln färben nur, wenn sie direkt mit der Wolle in Kontakt kommen.

Färben mit Alkanna *(Anchusa tinctoria)*

Die Wolle wird mit 20% Alaun zum Trockengewicht der Wolle vorgebeizt. Dazu werden für 500 g Wolle 100 g Alaun in 10 l Wasser gut aufgelöst. Dann 500 g Wolle in das Beizbad legen und das Ganze langsam auf 90° C erhitzen. Das Beizbad wird zwei Stunden auf dieser Temperatur gehalten. Danach läßt man es auskühlen. Nun muß die Wolle 6–8 Tage im abgekühlten Beizbad gelassen werden.

Für das Farbbad werden 1 kg kleingeschnittene Alkannawurzeln in 10 l Wasser 10 Minuten lang gekocht. Nun legt man 500 g Wolle locker in ein Netz und legt dieses ins Farbbad. Die Wolle (oder auch der gebeizte Filz) muß eine Stunde lang auf dem Siedepunkt gehalten werden. Danach muß man sie mit kaltem Wasser gut ausspülen und trocknen.

> Nicht alle Farben können mit nur einer Färbung erzielt werden. Manche Farbtöne gewinnt man nur durch Mischen und Überfärben.

GRÜN

Haltbares Grün ergibt sich aus der Überfärbung gelb gefärbter Wolle mit Indigo.
Leuchtendes Grün: Mit Apfelbaumrinde gelb gefärbte Wolle wird in einem Indigobad überfärbt (siehe Indigofärbung).
Petrolgrün: Wolle wird mit Faulbaumrinde gelb gefärbt und mit Indigo überfärbt.
Olivgrün: In einem Farbbad aus Blättern (Schafgarbe) wird Wolle gelb gefärbt. Wenn die Wolle die gelbe Farbe bereits angenommen hat, legt man eine Handvoll rostiger Nägel ins Farbbad.

ORANGE

Orange setzt sich aus Gelb und Rot zusammen. Für den Färbevorgang darf kein Eisenkessel verwendet werden.

Gelb färbende Wegrandkräuter (Goldrute) und rot färbende Krappwurzel werden vorgeweicht, ins Farbbad gegeben und zusammen ausgekocht. Je mehr Krapp verwendet wird, desto rötlicher wird das Orange. Farbvariationen ergeben sich durch die Zugabe von mehr oder weniger Krappwurzel.

> Die meisten Farbbäder können ein zweites Mal verwendet werden. Diesmal jedoch muß eine geringere Wollmenge hinzugefügt werden. Die Haltbarkeit des Farbbades beträgt einige Tage.

Blau – Färben mit Indigo

Indigo ist einer der ältesten bekannten Farbstoffe zur Blaufärbung. Ursprünglich verwendete man die Pflanze des Indigostrauches, die man in großen Bottichen einweichte, und ohne Kochen unter Zuhilfenahme von Urin vergären ließ. Eine Färbung mit Indigo wird mit speziellen Hilfsmitteln erzielt. Daher haben wir die Indigofärbung an den Schluß der Färberezepte gestellt.

> Das Besondere am Färben mit Indigo ist, daß sich die blaue Farbe erst zeigt, wenn die Wolle (oder Baumwolle, Seide, etc.) aus dem Farbbad genommen und zum Trocknen aufgehängt wird. Durch Oxydation nimmt die Wolle allmählich den typischen, wunderschönen Indigoblauton an.

Eine Indigofärbung kann man mit gebeizter oder ungebeizter Wolle durchführen. Man kann dazu Soda, Pottasche (Kaliumkarbonat, K_2CO_3) oder Holzaschenlauge als Hilfsmittel verwenden.

Indigofärbung mit Soda

Sie benötigen:

- *Soda;*
- *Indigo, synthetisch oder natürlich;*
- *Natriumhydrosulfit, Na_2SO_4, je mehr Indigo, desto mehr Natriumhydrosulfit;*
- *Wasser;*
- *Schafwolle;*
- *ein hitzebeständiges Glas mit $1^1/_2$ Liter Fassungsvermögen;*
- *eine Kochplatte;*
- *einen ausrangierten Eßlöffel, der nicht mehr zum Essen verwendet werden darf, da Natriumhydrosulfit giftig ist;*
- *einen Teelöffel;*
- *einen Holzstab;*
- *milden Obstessig;*
- *Gummihandschuhe.*

Ein Liter warmes Wasser wird auf 50–55° C erhitzt. Nicht über 55° C erhitzen! Darin löst man einen gestrichenen Eßlöffel Soda auf. Ein Mokkalöffel Indigopulver (synthetisch) wird dieser Mischung beigefügt und ebenso aufgelöst.

Einlegen der Wolle in Indigo *Blaufärben der Wolle*

Wolle nach dem Färben mit Indigo

Schließlich rührt man einen Eßlöffel Natriumhydrosulfit (Na_2SO_4) vorsichtig in die Lösung ein. Die Flüssigkeit ist nun schmutzig-trübe. Das Glas wird mit einem Deckel verschlossen. Die Flüssigkeit soll im Wasserbad 20–30 Minuten auf einer Temperatur von 55° C gehalten werden. Sie muß gelb werden. Tritt dies nach 30 Minuten nicht ein, muß noch etwas Natriumhydrosulfit hinzugeben werden. An der Oberfläche bildet sich nun eine schimmernde, bläuliche, dünne Haut.

Nun werden 30 g trockene Wolle in die Flüssigkeit eingelegt und 5 Minuten darin belassen. Die Wolle hat noch eine gelb-grüne Farbe. Danach nimmt man sie mit Gummihandschuhen heraus und drückt sie gut aus. Sobald man die Wolle aus dem Farbbad nimmt, wird sie blau. Dies geschieht durch Oxydation an der Luft, die durch die Zugabe von Natriumhydrosulfit bewirkt wird.

Die Wolle wird anschließend ca. 1 Stunde an der Luft im Schatten ausgebreitet und „durchblauen" gelassen. Es ergibt sich eine schöne hellblaue Farbe. Je dunkler das Blau werden soll, desto mehr Indigo und Natriumhydrosulfit muß verwendet werden.

Weil dieser Vorgang sehr alkalisch und qualitätsmindernd für die Wolle ist, muß eine **Neutralisierung mit Essig** erfolgen. Dazu wird ein Essigbad aus einem Eßlöffel mildem Obstessig und einem Liter Wasser bereitet, worin die Wolle ca. 15 Minuten regenerieren muß. Danach wird die Wolle gut gespült und an der Luft im Schatten getrocknet.

Indigofärbung mit Holzaschelauge und Naturindigo

Statt Soda nimmt man nun unverdünnte Holzaschelauge. Dazu nimmt man 2 kg reine, gesiebte Buchenholzasche, gibt sie in einen 10-Liter-Kübel und übergießt sie mit kochend heißem Wasser. Diese Mischung wird zugedeckt und **kindersicher** zwei Stunden stehen gelassen, bis sich eine klare, scharfe Lauge an der Oberfläche gebildet hat, die man abschöpfen kann.

Sie benötigen:

- *unverdünnte Holzaschelauge;*
- *Naturindigo (Fachgeschäft), er hat einen spezifischen Geruch;*
- *Wasser;*
- *Schafwolle;*
- *ein hitzebeständiges Glas mit $1^{1}/_{2}$ Liter Fassungsvermögen;*
- *eine Kochplatte;*
- *einen ausrangierten Eßlöffel, der nicht mehr zum Essen verwendet werden darf;*
- *einen Teelöffel;*

- *Natriumhydrosulfit (Na_2SO_4)*
- *einen Holzstab;*
- *milden Obstessig;*
- *Gummihandschuhe.*

In ein hitzebeständiges 1¹/₂-Liter-Glas wird ein Liter Holzaschelauge gegossen, ein Mokkalöffel Naturindigo hineingerührt und gut aufgelöst. Dazu fügt man einen gestrichenen Eßlöffel Natriumhydrosulfit. Naturindigo löst sich nicht so rasch wie synthetischer Indigo. Nun wird das Glas ein bis zwei Stunden ins Wasserbad gestellt und die Temperatur auf 50° C gehalten. Die Mischung darf nicht über 50° C erhitzt werden.

Wenn die Lösung einen gelben Farbton angenommen hat, werden 30 g ungebeizte, trockene Wolle darin eingeweicht. Die Wolle wird 10–15 Minuten in der Indigolösung belassen. Dann wird sie mit Gummihandschuhen herausgenommen und fest ausgedrückt. Durch die Oxydation an der Luft nimmt die Wolle einen blauen Farbton an.

Anschließend bereitet man ein Essigbad, worin die Wolle mindestens 15 Minuten belassen werden soll. Wenn sich an der Oberfläche der Lauge noch blauer Schaum zeigt, bedeutet dies, daß noch Indigo in der Lösung vorhanden ist. Durch Zugabe von Natriumhydrosulfit kann man ein neuerliches Indigobad bereiten. Nun wird eine kleinere Menge der Wolle hineingegeben und gefärbt. So wird auch der Rest des Indigos zum Färben ausgenützt.

Liste der vorgestellten Färbekräuter und deren Eigenschaften in Kurzbeschreibung

Alkanna *(Anchusa tinctoria)*
Die deutsche Bezeichnung lautet Ochsenzunge. Die Alkanna ist eine mehrjährige Pflanze mit blauen Blüten, deren Farbstoff in den Wurzeln enthalten ist. Getrocknete Alkanna ist in Drogerien erhältlich, man kann sie jedoch auch im Garten anpflanzen. Die aus den Wurzeln gewonnenen Farbtöne variieren von rot bis violett.

Eichenrinde *(Quercus robur)*
Die Eiche ist ein in Mitteleuropa weit verbreiteter Baum mit typischen gezackten Blättern. Die Rinde kann beim Baumschnitt oder nach dem Fällen im Herbst mit einem Schabeisen oder einem scharfen Messer abgehobelt werden. Wie die meisten Rinden färbt die Eichenrinde gelb und braun.

Erlenrinde *(Alnus glutinosa)*
Die Erle kommt am Rande von Gewässern oder auf sumpfigen Wiesen vor. Blätter und Rinde können nach dem Baumschnitt verwendet werden. Es ergibt sich ein grauer oder schwarzer Farbstoff.

Faulbaumrinde *(Rhamnus frangula)*
Der Faulbaum ist ein Strauch mit grau-brauner Rinde. Die Früchte des Faulbaums sind klein, schwarz und giftig. Faulbaumrinde kann man getrocknet in der Drogerie erwerben. Sie erzielen mit ihr braune oder gelbe Farbtöne.

Färberkamille *(Anthemis tinctoria)*
Die Färberkamille ist eine Gartenpflanze, die der Margerite ähnelt. Sie hat weiße Blüten und – im Gegensatz zur Margerite – durchgehend gelb gefärbte Blütenköpfe. Zum Färben werden die Blütenköpfe in der Blütezeit von Juni bis September gesammelt. Diese Pflanze färbt gelb.

Goldrute *(Solidago canadensis L.)*
Die Goldrute ist eine goldgelb blühende Garten- oder Wildpflanze (dann *Solidago virgaurea L.*), die mehrjährig ist. Sie blüht von Juli bis Herbst an Wald-

rändern oder im Garten. Zum Färben wird die ganze Pflanze verwendet. Es ergeben sich schöne goldgelbe bis braune Farbtöne.

Indigo *(Indigofera tinctoria)*
Färberindigo ist ein hoher Strauch mit gefiederten Blättern und roten Blüten. Er wird heute noch in tropischen Ländern, wie etwa seiner Heimat Indien, angebaut. Indigo ist als fertiges Pulver erhältlich. Färben mit Indigo ergibt einen prächtigen Blauton.

Isländisch-Moos *(Cetraria islandica)*
Isländisch-Moos ist eine Staudenflechte mit grüngrauen oder tiefbraunen Ästen und am Rand aufgesetzten dornigen Fibrillen. Sie wächst auf Almwiesen und auf sauren, sumpfigen Plätzen. Die Flechten müssen nach dem Sammeln getrocknet werden. Die aus Isländisch-Moos gewonnenen Farbtöne sind braun, grün, gelb und grau.

Krapp *(Rubia tinctorum)*
Krapp ist ein Kraut mit verzweigten Stengeln, das klettenartig behaart ist. Es kommt in Europa nur noch selten vor, kann aber im Garten angebaut werden. Dazu muß man ihn im März in gute Gartenböden aussäen und im Winter gegen Frost schützen. Nach 18 Monaten kann man die Wurzeln zur Rotfärbung verwenden. Sie müssen dazu gewaschen und getrocknet werden. Danach schneidet man sie in kleine Stücke. In dieser Form kann man sie auch in der Drogerie erwerben.

Kreuzdornbeere *(Rhamnus pumila)*
Sie kommt als hoher Strauch mit schwärzlicher Rinde in Laub- und Mischwäldern und in Feuchtgebieten vor. Der Strauch wird als Zierstrauch in Vorgärten verwendet. Gefärbt wird mit der Rinde und den unreifen, grünen Beeren sowie den reifen, roten Beeren. Die Rinde färbt braun, die unreifen Beeren gelb und die reifen Beeren grün.

Rainfarn *(Tanacetum vulgare L.)*
Diese Pflanze gedeiht an Wegrändern auf trockenem Boden und ist mehrjährig. Geerntet werden die in voller Blüte stehenden Pflanzenspitzen von Ende Juni bis Oktober. Der Rainfarn färbt gelb.

Schafgarbe *(Achillea millefolium L.)*
Schafgarbe wächst als weiß blühende Pflanze an Wegrändern, auf Deichen und

Liste der vorgestellten Färbekräuter und deren Eigenschaften

Wiesen. Die in voller Blüte stehende, ganze Pflanze kann von Juni bis Oktober gepflückt werden. Sie färbt ebenfalls gelb.

Waid *(Isatis tinctoria)*
Der Färberwaid ist eine alte Kulturpflanze, die heute nur noch als Zierpflanze beliebt ist. Sie ist zweijährig. Im ersten Jahr sieht man nur Blätter, im zweiten Jahr einen gelben Blütenstand. Zum Färben werden die grünen Blätter geerntet. Die Pflanze kann auf jedem Boden leicht angebaut werden und färbt nach Vergärung blau.

Walnußschalen *(Juglans regia L.)*
Der Nußbaum kommt in ganz Europa vor, auch in vielen Gärten. Die Blüten werden im Frühling gesammelt, die grünen Nußschalen und die Blätter von August bis September. Die damit erzielten Farben variieren von beige über gelb zu braun.

Wau *(Reseda luteola)*
Färberwau gilt als eine der ältesten Färbepflanzen. Sie ist ein- bis zweijährig und läßt sich in jeden Gartenboden leicht einpflanzen. Zum Färben wird die ganze Pflanze benutzt, die unscheinbare, gelblichgrüne Blüten hat. Die Pflanze wird im August gesammelt und ergibt einen schönen Gelbton.

Weide *(Salix alba)*
Die Weide ist ein Baum mit rissiger Rinde und kahlen, gelbbraunen Zweigen. Sie steht an Gewässern oder in Sümpfen. Zum Färben wird die beim Baumschnitt anfallende Rinde verwendet. Man kann auch mit den Blättern färben, die dazu in den Monaten Juni und Juli geerntet werden sollen. Es ergeben sich satte Gelbtöne.

Die Liste der angeführten Farbpflanzen erhebt keinen Anspruch auf Vollständigkeit. In der Natur gibt es unzählige Pflanzen, die darauf warten, von Ihnen als Farbpflanzen entdeckt zu werden. Durch Experimentieren können Sie aus ihnen die wundervollsten Farbstoffe gewinnen. Die damit gefärbten Textilien tragen Ihre ganz persönliche Note.

Anhang

Bezugsquellenverzeichnis

Österreich

Auskunft über Bezugsmöglichkeiten von kardierter Wolle erteilt Ihnen der Landesschafzuchtverband.

Adressen

Landesverband für Schafzucht und -haltung OÖ
Auf der Gugl 3, 4021 Linz, Tel. (0 732) 57 4 21

Steirischer Schafzuchtverband
Pichlmayergasse 18, 8700 Leoben, Tel. (0 38 42) 25 3 33-32 / 25 3 33-33

Salzburger Landesverband der Schafzüchter und Lämmererzeuger
Schwarzstraße 19, 5024 Salzburg, Tel. (0 662) 870 57 10

Vorarlberger Schafzuchtverband
Montfortstraße 11/5, 6900 Bregenz, Tel. (0 55 74) 42 04 40

Schafzuchtverband Burgenland
Esterházystraße 15, 7000 Eisenstadt, Tel. (0 26 82) 70 20

Wiener Schafzuchtverband
Lainzerstraße 87, 1130 Wien, Tel. 92/53 44 10

Tiroler Schafzuchtverband
Brixnerstraße 1, 6020 Innsbruck, Tel. (0 512) 59 2 90

Schafzuchtverband Kärnten
Museumstraße 1, 9020 Klagenfurt, Tel. (0 46 3) 38 5 00

ANHANG

Bundesrepublik Deutschland

Wollerzeugergemeinschaften

In den einzelnen Bundesländern gibt es Wollerzeugergemeinschaften, die zumeist flächendeckend Rohwolle nach der Schursaison annehmen. Die Termine geben die Wollerzeugergemeinschaften rechtzeitig in der Fachpresse bekannt. Die Anschriften der Wollerzeugergemeinschaften können von den nachstehend aufgeführten Landesschafzuchtverbänden in Erfahrung gebracht werden.

Der Vereinigung Deutscher Landesschafzuchtverbände e. V. gehören an:

Landesschafzuchtverband Baden-Württemberg e. V.,
Heinrich-Baumann-Straße 1–3, 70190 Stuttgart, Tel. (0 711) 286 49 43

Landesverband Bayerischer Schafhalter e. V.,
Haydnstraße 11, 80336 München, Tel. (0 89) 53 62 26-27

Schafzuchtverband Berlin-Brandenburg e. V.
Dorfstraße 1, 14532 Ruhlsdorf, Tel. (0 33 28) 413-16/17/30

Hessischer Schafzuchtverband e. V.,
Kölnische Straße 48–50, 34117 Kassel, Tel. (0 561) 729 92 64

Verband Lüneburger Heidschnuckenzüchter e. V.,*
Wilhelm-Seedorf-Straße 3, 29525 Uelzen, Tel. (0 581) 80 73-0

Landesschafzuchtverband Mecklenburg-Vorpommern e. V.,
Gartenweg 1, 19288 Fahrbinde, Tel. (03 87 53) 275, Telefax (03 87 53) 271

Landesschafzuchtverband Niedersachsen e. V.,
Johannssenstraße 10, 30159 Hannover, Tel. (0 511) 32 97 77

Vereinigung Rheinischer Schafzüchter u. -halter e. V.,
Endenicher Allee 60, 53115 Bonn, Tel. (0 228) 63 66 82

Landesverband der Schafhalter Rheinland-Pfalz e. V.,
Burgenlandstraße 7, 55543 Bad Kreuznach, Tel. (0 671) 79 30

Landesverband der Schafhalter im Saarland e. V.,
Lessingstraße 14, 66121 Saarbrücken, Tel. (0 681) 64 1 59

Sächsischer Schaf- und Ziegenzuchtverband e. V.,
Bornaische Straße 31–33, 04416 Markkleeberg, Tel. (0 341) 32 60 80

Landesschafzuchtverband Sachsen-Anhalt e. V.,
Angerstraße 3a. 06118 Halle, Tel. (0 345) 34 00 22

Landesverband Schleswig-Holsteinischer Schafzüchter e. V.,
Steenbeker Weg 151, 24106 Kiel-Steenbek, Tel. (0 431) 33 26 08

Stader Schafzuchtverband e. V.,*
Albert-Schweitzer-Straße 19, 21680 Stade, Tel. (0 41 41) 60 7 90

Landesverband Thüringer Schafzüchter e. V.,
Schwerborner Straße 29, 99087 Erfurt, Tel. (0 361) 73 35 11-12,
Telefax (0 361) 73 35 15

Landesschafzuchtverband Weser-Ems e. V.,
Mars-la-Tour-Straße 6, 26121 Oldenburg i. O., Tel. (0 441) 82 1 23

Landesverband Westfälischer Schafzüchter e. V.,
Bleichstraße 41, 33102 Paderborn, Tel. (0 52 51) 32 5 61

---

* Die Verbände Stade und Lüneburg sind kooperative Mitglieder im Landesschafzuchtverband Niedersachsen und über diesen der VDL angeschlossen.

Weiterführende Literatur

Bächi-Nußbaumer, Erna: So färbt man mit Pflanzen. Bern und Stuttgart: Haupt 1976.

Berger, Dorit: Kirghisische Yurten. In: Deutsches Textilforum (Hannover) v. April 1982.

Bielenstein, Martha: Die altlettischen Färbemethoden. Studien zur idg. Altertumskunde. Riga: Plates 1935. (= Veröffentlichungen der volkskundlichen Forschungsstelle am Herderinstitut zu Riga. II.)

Dor, Remy/Naumann, Clas M.: Die Kirghisen des Afghanischen Pamir. Graz: Akad. Druck- und Verlagsanstalt 1978.

Faegre, Torwald: Zelte. Die Architektur der Nomaden. Hamburg: Papyrus 1979.

Fehlig, U.: Mode gestern und heute. Ein kulturgeschichtlicher Abriß. 2. Auflage. Leipzig: VEB Fachbuchverlag 1985.

Fieler-Feddersen, Gretel: Farben aus Flechten. Hannover: Schaper 1982. (= Textilkunst-Fachschriften.)

Heinrich, Johann Baptist (Hg.): Abhandlung über die Cultur des Waids und die Indigo-Bereitung aus demselben. München: Bairisch-königliche Hof- und Staats-Druckerei 1812.

Hentschel, Kurt: Wir färben mit Pflanzen. Tagebuch eines Färbelehrganges. Winterbach-Manholzweiler: Webe mit 1977.

Höpflinger, Franz/Schliefensteiner, Herbert: Naturführer Österreich. Flora und Fauna. Graz, Wien, Köln: Styria 1990.

Jörke, Renate: Färben mit Pflanzen. Textilien selbst gefärbt. 2. Auflage. Stuttgart: Freies Geistesleben 1975. (= Arbeitsmaterial der Waldorfkindergärten. 33.)

Lauterbach, Fritz: Der Kampf des Waids mit dem Indigo. Leipzig: Veit 1905. [Vorher: Leipzig, Phil. Diss. 1905.]

Lehmann, Paulus Johannes: Die Kleidung – unsere zweite Haut. Wesentliches über naturgemäße Kleidung. Dreieich: bioverlag gesundleben 1981.

Mautner, Konrad/Geramb, Viktor von (Hg.): Steirisches Trachtenbuch: Von der Urzeit zur französischen Revolution. I. Band. Graz: Leuschner & Lubensky 1932.

Neubert, Doris/Hantzen, Friedrich: Färbemittel aus der Natur. Bonn–Röttgen: Hörnemann 1980.

Ottenjann, Helmut (Hg.): Mode, Tracht, Regionalität. 2. Auflage. Choppenburg: Selbstverlag Museumsdorf Choppenburg 1988. (= Referate des internationalen Symposiums im Museumsdorf Choppenburg.)

Ploss, Emil Ernst: Ein Buch von alten Farben. Technologie der Textilfarben im Mittelalter. 4., unveränderte Auflage. München: Moos 1977.

Schetky, Ethel Jane McD.: The ageless art of dyeing. In: Dye Plants and dyeing – a handbook 3 (1964).

Schneider, Gudrun: Färben mit Naturfarben. Ravensburg: Maier 1979. (= Ravensburger Freizeit-Taschenbücher. 5.)

Spränger, Emil: Färbebuch. Grundlagen der Pflanzenfärberei auf Wolle. Erlenbach-Zürich und Stuttgart: Rentsch 1969.

Steinbach, Gunter (Hg.): Beeren, Wildgemüse, Heilkräuter. München: Mosaik 1983. (= Die farbigen Naturführer.)

Vrande, Iet van de: Wolle färben mit Naturfarben. Ravensburg: Maier 1982.

Wacker, L.: Schurwolle – Die Naturfaser. In: Deutsches Textilforum (Hannover) v. September 1983.

DANKSAGUNG

Maria Karl bedankt sich bei jenen Menschen, die es ihr ermöglicht haben, zu lernen und zu lehren. Ihr besonderer Dank gilt Herrn Mag. Rembert Schleicher, Frau Fachinspektor Auguste Schreck, Frau Dir. Eleonore Weiß von der landwirtschaftlichen Fachschule Haidegg, Herrn Ing. Heiner Herzog vom LFI und dem Bildungshaus Retzhof bei Leibnitz. Ihr Dank gilt auch dem Künstler- und Lehrerehepaar Istvan Vidák und Mari Nagy aus Kecskemet, Ungarn. Weiters dankt sie Frau Anna Pfleger und Frau Antonia Schalk für deren Ermutigung und Hilfsbereitschaft.

Ganz besonders danken die Autorinnen dem Leopold Stocker Verlag, vor allem Herrn Mag. Michael Hlatky und Frau Mag. Theresia Geiger, die ihnen mit Rat und Tat zur Seite gestanden sind.

Nicht zuletzt danken wir unseren Familienmitgliedern für ihre Geduld und ihr Verständnis.

DIE AUTORINNEN

Maria **KARL**

geboren 1934 in Bruck, Sozialarbeiterin im SOS-Kinderdorf, als Hausfrau und Mutter im biologischen Landbau tätig. Selbststudium von Schafwollverarbeitung, Weben, Färben und Filzen. Seminartätigkeit in verschiedenen Einrichtungen der Erwachsenenbildung. Zur Zeit Kursleiterin für Filz-, Färbe- und Sojakurse.

Andrea **KARL-SCHURIAN**

geboren 1965 in Graz, Handelsakademie in Graz, Abitur 1986. Medienkundlicher Lehrgang. Zur Zeit Germanistikstudium an der Universität Graz.